中國文學史新編

劉 署

百年河大國學舊著新刊編纂出版委員會

主　任　關愛和
副主任　趙國祥　宋純鵬
委　員　（以姓氏筆畫爲序）
　　　　王學春　李振宏　李景文　李經洲
　　　　佟培基　苗書梅　馬小泉　袁喜生
　　　　張雲鵬　張德宗　程民生　劉小敏

百年河大國學舊著新刊

中國文學史新編

張長弓 著

河南大學出版社
·鄭州·

圖書在版編目(CIP)數據

中國文學史新編 / 張長弓著. 一鄭州:河南大學出版社,2012.3
ISBN 978-7-5649-0667-2

Ⅰ.①中… Ⅱ.①張… Ⅲ.①中國文學—文學史 Ⅳ.①I209

中國版本圖書館 CIP 數據核字(2012)第 033004 號

責任編輯　齊丹鋒
責任校對　王　卿
封面設計　馬　龍

出　版	河南大學出版社
	地址:鄭州市鄭東新區商務外環中華大廈 2401 號
	郵編:450046
	電話:0371－86059701(營銷部)
	網址:www.hupress.com
排　版	鄭州市今日文教印制有限公司
印　刷	河南省瑞光印務股份有限公司
版　次	2015 年 3 月第 1 版　印次　2015 年 3 月第 1 次印刷
開　本	890mm×1240mm　1/32　印張　7.75
字　數	174 千字　定價　20.00 圓

(本書如有印裝質量問題,請與河南大學出版社營銷部聯繫調換)

出 版 説 明

　　河南大學是一所有近百年歷史的老校。自建校以來，一向重視國學研究，并形成了一支實力雄厚、傳承有序的研究隊伍，在國學研究領域可謂人才濟濟，成果豐碩。經初步調查梳理，近百年來在河大工作過的有高深國學造詣的學者包括大師級學者有數十人，出版有關著作近百種。爲弘揚我國優秀傳統文化，促進國學研究的進一步繁榮發展，我們從中遴選在學術史上有一定地位、至今仍有研究參考價值的作品分批整理出版，這便是"百年河大國學舊著新刊"的由來。現對本叢書編纂出版的有關問題說明如下：

　　一、建校以來在河南大學（包括其前身河南留學歐美預備學校、中州大學、河南中山大學以及後來的河南師範學院、開封師範學院、河南師範大學）曾經任教或求學的校友，其著述都在叢書的入選範圍。

　　二、一生大部分時間服務於河南大學，離、退休或終老於河南大學的作者，其所有國學著作均在叢書入選範圍；曾經在河南大學求學或任教，後來離開河南大學的作者，入選作品則以在校時寫作或出版者爲限。

　　三、叢書所收作品，以曾經正式公開出版者爲主。少數確有較高學術價值而由於種種原因未曾正式公開出版過的作品,則據稿本或可靠的印本收入。

　　四、叢書所收作品都是特定歷史條件下的產物,代表的是當時的學術水平,難免帶有當時的種種局限。這次整理出版,在内容上悉以底本爲準,不依據後來的研究成果進行校訂。

　　五、叢書統一用繁體字排印。在編校過程中,對原底本中的异體、俗體、簡體字做了規範化處理,錯、漏、衍、倒等技術性差錯做了糾正。根據古籍整理慣例,對傳統典籍中約定俗成的通假字、古字和特殊人名、地名等用字不加改動。

　　六、由於河南大學在近百年間屢經分合,數易其名,加之抗戰時期輾轉遷播,人員進出頻繁,爲叢書作者作品的遴選增添了不少難度。此外,"舊著新刊"作爲一種特殊的出版形式,有許多問題還在探索之中。因此,叢書第一批的出版,無論書目的選定還是具體的技術性處理,都一定存在不少缺憾。誠望廣大讀者特別是河南大學知情校友和有關專家不吝賜教,以便使以後陸續推出的叢書逐步臻於完善。

"百年河大國學舊著新刊"
編纂出版委員會
2008 年 3 月

序

　　近來坊間關於文學史一類的書出版的很不少。在這些中間并不是沒有可讀的書,但是,很難得到一般的好評,很難有一部較有權威的著作。這固由於文學史本身編著的困難,不免有未愜人意之處,然亦未嘗不是作者的宗旨與批評者的標準不相同的緣故。

　　胡先生的《白話文學史》,頗有一些新材料新見解,而評者猶且病其偏而不全,時多武斷之語,其他則又何説。文學的範圍難定,研究的立場互異,新材料的發見亦無窮,專門問題之待解決更有待,加以作者之嗜好也容或有些偏向。這些都是編著文學史的困難之處,而評者却可以站在任何方面以肆挑剔的。因此,文學史的著作雖多,而欲得一般的好評却很難。

　　其實,在這龐大無垠的範圍中間,而且一向是凌亂瑣碎未經整理的材料,再加以各種問題的糾紛,與其他有關部分之材料與問題一樣的未能整理與解決,則欲在現在短期間便希望成功一部完美無疵的《中國文學史》,足以使一般讀者心折首肯的當然是不可能的事。這本是一大片待開墾的園地,現在雖有少數從事開墾的人,而時間既短,工具又不良,計劃又不甚精密,尚不曾聽到分工合作的辦法,則各人的力量有限,如何能冀其遽有巨大的收獲。所以我以爲至少在現在,評者不應懸着很高的標準,存着很厚的奢望,以求全責備,而作者亦不必過作誇大逾量的宣傳。

最近張長弓先生寄示他所編著的《中國文學史》。他說,這是他歷年在各高中講授時的講稿,或者可作高中用的教本。這雖是張君的謙辭,然而這樣坦白地說明他自己著作的分量,不說過分誇大的話,那也是值得稱許的。

不必說什麼"後來居上""晚出者精"——雖則此書亦確有兼具諸家之長的地方。即使不管這些,僅憑作者的宗旨,以作評介的申述,覺得亦有幾點可以特別提出申說的。其一,編製勻稱,關於新材料與舊材料的去取,絕無畸輕畸重之弊。其二,論斷平允,這也與前項有連帶的關係,并沒有什麼偏見,更不講什麼立場,而只是將具體的事實以證明文學的演變。這是平凡中的偉大。間有獨抒心得之處,也是這些事實所當有的結論。近人治學,往往先講立場,預定假設,戴着有色眼鏡,以駕馭一切材料,以造成他的驚人之論,獨創之見。這固是不平凡中的偉大處,然而,流弊亦很多。此書既作高中教本所用,則更需要有公平的叙述,使學者扎下平正的基礎,纔不致導入歧途。不求有功,先求無過,則此書之長亦正在適合高中的教本,不必以作者之謙辭,誤貶此書之價值也。

郭紹虞

例　言

（一）編文學史的不外兩種態度：一是就每一時代的文學觀念下，把所有的史料分析整理，以見其史的流變；一是就現代文學觀念下，去尋繹劈畫前代的史料，以見其史的流變。本稿為適應高中師範的需要，採用第二種態度。

（二）本稿打破文學史的傳統編製法，以時代為綱，以文體作風派別為子目，作家傳略及作品名目，皆略而不及。

（三）本稿因為是"史"的性質，取材較為謹嚴。對於僞托及需要考證的材料，皆加以精細的鑒別。

（四）本稿在坊間可稱為創作，故子目的題署，頗費苦心。其題署因文體不同：有以材料性質的，有以作風派別的，間有以文學史上慣稱之派系的，此皆為闡明便利計，并非自亂其例。

（五）本稿打破傳統編文學史者的慣例，不主張錄引原文，雖間有一二處錄引，亦為申明其他之主旨的。

（六）本稿取材雖有借用坊間文學史處，然每章后皆列舉參考書以示讀者的門徑，并藉以明原著者搜羅之功。

（七）本稿編製，全部分二十八章，都七十二節，如用為教本，合於兩學期間每期十八周每周兩小時，一小時一節的講授。

（八）本稿雖常有一般人的見解，然多有作者一得之愚，國內賢達，有教正的，至深感謝。

（九）本稿外有《文學作者及其作品》一書，提示作者生卒傳略及在當代文壇上之位置，并其作品名目的考察，作此書的參考。

自　序

　　這部稿子，是爲的安陽高中、開封師範等校應用而編撰的。執筆時候，對於編製方法，曾經考慮過，所以在課室內講授，學者去自修，或較於其他文學史本爲適用些。"簡而得體，疏而不漏"是最初的目標，現在做到沒有，只好待諸高明讀者的批評了。

　　這部稿子要聲明的：不是學術史，不是文章史，不是作者別傳，不是作品一覽，所以和其他的文學史，情形儘管有不合處。這也不是他人所作的不好，完全是作者的觀念與態度不相同的。

　　這部稿子編撰后，曾經業師郭紹虞先生詳加指教，并在百忙中弁序卷首。深爲感謝，特志數語於此。

一九三五年三月自序

目　　録

第一章　導論……………………………（ 1 ）
　第一節　何謂文學史……………………（ 1 ）
　　　文學的解釋…………………………（ 1 ）
　　　歷史的解釋…………………………（ 2 ）
　　　文學史的解釋………………………（ 3 ）
　第二節　中國文學史之產生……………（ 4 ）
　　　文學史的踪迹………………………（ 4 ）
　　　文學史的產生………………………（ 5 ）
第二章　中國文學史之初幕……………（ 7 ）
　第一節　詩篇是怎樣產生的……………（ 7 ）
　　　古人的詩論…………………………（ 7 ）
　　　實生活與詩…………………………（ 8 ）
　第二節　三百篇以前之詩篇……………（ 9 ）
　　　鑒偽的理由…………………………（ 9 ）
　　　存疑的詩歌…………………………（10）
　第三節　韻文之發達……………………（12）
　　　韻文的發達…………………………（12）
　　　發達的原因…………………………（13）
第三章　詩三百篇………………………（14）
　第一節　詩三百篇之集成………………（14）

兩種舊說……………………………………（14）
　　懷疑論者……………………………………（15）
　第二節　詩三百篇內容概說…………………（17）
　　分類與表現法………………………………（17）
　　形容詞與用韻………………………………（18）
　第三節　詩三百篇對於後代文藝之影響……（19）
　　體裁的………………………………………（20）
　　內容的………………………………………（21）
第四章　楚辭……………………………………（23）
　第一節　騷賦生成之淵源……………………（23）
　　時代的背景…………………………………（23）
　　古樂的衰亡…………………………………（24）
　　體製的源流…………………………………（25）
　第二節　騷賦之內容及對於後代文壇之影響…（26）
　　屈宋的作品…………………………………（26）
　　內容的表現…………………………………（27）
　　影響…………………………………………（28）
第五章　荀卿製作之解剖并小說雛形之產生…（29）
　第一節　荀卿作品的分析……………………（29）
　　《成相篇》的解釋…………………………（29）
　　賦篇的分析…………………………………（31）
　　詩的分析……………………………………（32）
　第二節　荀卿製作之承前啓後的關係………（32）
　　未失諷諭之義………………………………（33）
　　以四言爲主…………………………………（33）
　　以隔句韻爲主………………………………（34）

《成相篇》與漢代樂府詩⋯⋯⋯⋯⋯⋯⋯⋯⋯⋯（34）
　　四言詩首不入樂⋯⋯⋯⋯⋯⋯⋯⋯⋯⋯⋯⋯（35）
　　開賦篇及説理賦之先⋯⋯⋯⋯⋯⋯⋯⋯⋯⋯（35）
　　問答體之創始⋯⋯⋯⋯⋯⋯⋯⋯⋯⋯⋯⋯⋯（36）
　第三節　小説雛形之產生⋯⋯⋯⋯⋯⋯⋯⋯⋯⋯（36）
　　寓言⋯⋯⋯⋯⋯⋯⋯⋯⋯⋯⋯⋯⋯⋯⋯⋯⋯（36）
　　喻詞⋯⋯⋯⋯⋯⋯⋯⋯⋯⋯⋯⋯⋯⋯⋯⋯⋯（38）
　　神話⋯⋯⋯⋯⋯⋯⋯⋯⋯⋯⋯⋯⋯⋯⋯⋯⋯（38）
第六章　漢之辭賦⋯⋯⋯⋯⋯⋯⋯⋯⋯⋯⋯⋯⋯⋯（40）
　第一節　漢賦產生之背景⋯⋯⋯⋯⋯⋯⋯⋯⋯⋯（40）
　　騷賦與辭賦⋯⋯⋯⋯⋯⋯⋯⋯⋯⋯⋯⋯⋯⋯（40）
　　君主的崇尚⋯⋯⋯⋯⋯⋯⋯⋯⋯⋯⋯⋯⋯⋯（41）
　　辭賦與小學⋯⋯⋯⋯⋯⋯⋯⋯⋯⋯⋯⋯⋯⋯（42）
　第二節　漢賦之內容與影響⋯⋯⋯⋯⋯⋯⋯⋯⋯（42）
　　兩大流派⋯⋯⋯⋯⋯⋯⋯⋯⋯⋯⋯⋯⋯⋯⋯（42）
　　駢文與漢賦⋯⋯⋯⋯⋯⋯⋯⋯⋯⋯⋯⋯⋯⋯（44）
第七章　漢之樂府詩⋯⋯⋯⋯⋯⋯⋯⋯⋯⋯⋯⋯⋯（46）
　第一節　樂府詩之產生及其時代⋯⋯⋯⋯⋯⋯⋯（46）
　　漢初的醞釀⋯⋯⋯⋯⋯⋯⋯⋯⋯⋯⋯⋯⋯⋯（46）
　　武帝的采輯⋯⋯⋯⋯⋯⋯⋯⋯⋯⋯⋯⋯⋯⋯（47）
　　武帝之後⋯⋯⋯⋯⋯⋯⋯⋯⋯⋯⋯⋯⋯⋯⋯（48）
　第二節　樂府詩之內容概説⋯⋯⋯⋯⋯⋯⋯⋯⋯（49）
　　清商的獨立⋯⋯⋯⋯⋯⋯⋯⋯⋯⋯⋯⋯⋯⋯（49）
　　內容釋略⋯⋯⋯⋯⋯⋯⋯⋯⋯⋯⋯⋯⋯⋯⋯（51）
　　清商相和歌辭⋯⋯⋯⋯⋯⋯⋯⋯⋯⋯⋯⋯⋯（51）
第八章　東漢魏晉間之詩作⋯⋯⋯⋯⋯⋯⋯⋯⋯⋯（53）

第一節　五言詩之興起……………………（53）
　　散見於西漢………………………………（53）
　　東漢的創作………………………………（54）
　　魏代的興盛………………………………（55）
　　詠懷的作者………………………………（55）
第二節　古詩十九首之時代與作品…………（57）
　　十九首的時代……………………………（57）
　　失名作者臆測……………………………（58）
　　十九首的內容……………………………（59）
第三節　魏晉的頹廢派………………………（59）
　　產生的背景………………………………（59）
　　享樂………………………………………（60）
　　隱遁………………………………………（61）
　　仙鄉憧憬…………………………………（61）
　　哲理化……………………………………（61）
第四節　詩壇上之摹擬風尚…………………（62）
　　賦作之摹仿………………………………（63）
　　樂府詩之摹仿……………………………（63）
　　摹擬的影響………………………………（64）

第九章　兩漢魏晉之小說……………………（66）
　第一節　兩漢之小說………………………（66）
　　漢志小說目………………………………（67）
　　未亡篇的考察……………………………（68）
　第二節　魏晉的小說………………………（69）
　　談天說的影響……………………………（69）
　　神仙巫覡說的影響………………………（70）

佛教的影響………………………………………………（71）
第十章　晉宋齊間的清商曲辭……………………………（72）
　第一節　曲的歷史與辭的內容……………………………（72）
　　曲的歷史…………………………………………………（72）
　　辭的內容…………………………………………………（73）
　　吳聲而曲不同……………………………………………（74）
　第二節　清商曲辭的表現法………………………………（74）
　　重復格……………………………………………………（75）
　　雙關意……………………………………………………（75）
　　兩意語……………………………………………………（76）
　第三節　清商曲辭與梁鼓角橫吹之比較及影響
　　…………………………………………………………（77）
　　橫吹曲的解釋……………………………………………（77）
　　比較………………………………………………………（77）
　　影響………………………………………………………（78）
第十一章　晉宋齊梁之詩…………………………………（79）
　第一節　田園派……………………………………………（79）
　　淵明的人生觀……………………………………………（79）
　　田園詩……………………………………………………（80）
　　影響………………………………………………………（80）
　第二節　山水派……………………………………………（81）
　　生活及思想………………………………………………（81）
　　山水詩……………………………………………………（82）
　　作風與影響………………………………………………（83）
　第三節　永明體與宮體……………………………………（84）
　　解題………………………………………………………（84）

作者及影響……………………………………（85）
　　宮體詩之内容…………………………………（85）
第十二章　晉代佛經的輸入……………………（87）
　第一節　佛經翻譯的歷史………………………（87）
　　佛教的興起……………………………………（87）
　　譯經的歷史……………………………………（88）
　第二節　佛經文學的一斑………………………（90）
　　《法句經》……………………………………（91）
　　《勸意品》……………………………………（91）
　　《維摩詰經》…………………………………（92）
　　《佛所行讚經》………………………………（93）
　　《佛本行經》…………………………………（93）
　第三節　譯經文學的影響………………………（94）
　　體裁的…………………………………………（94）
　　想象的…………………………………………（94）
　　宣傳的影響……………………………………（95）
第十三章　南北朝的小説………………………（97）
　第一節　鬼神志怪的記述………………………（97）
　　《異宛》………………………………………（97）
　　《續齊諧記》…………………………………（98）
　　《冥祥記》……………………………………（98）
　　《述異記》……………………………………（99）
　第二節　舊聞佚事的記述………………………（99）
　　《世説》………………………………………（99）
　　《小説》………………………………………（100）
　　《啓顏録》……………………………………（100）

第十四章 唐代的詩歌(上)……………………(101)
第一節 詩歌興盛的原因……………………(101)
君主的提倡……………………(101)
試驗制度之提倡……………………(102)
時尚的原因……………………(103)
第二節 近體詩之完成……………………(103)
近體的意義……………………(104)
近體詩之雛形……………………(104)
近體詩之完成……………………(105)
第三節 近體詩與音樂……………………(106)
律詩入樂……………………(107)
絕句入樂……………………(107)

第十五章 唐代的詩歌(下)……………………(109)
第一節 綺靡派及其反動……………………(109)
綺靡派……………………(109)
反動派……………………(110)
第二節 邊塞派與自然派……………………(111)
邊塞派……………………(112)
自然派……………………(112)
第三節 社會派、怪誕派與脂粉派……………………(114)
社會派……………………(114)
怪誕派……………………(116)
脂粉派……………………(116)

第十六章 唐代的傳奇……………………(118)
第一節 傳奇興起的背景……………………(118)
古文的振興……………………(118)

  時代的促成 …………………………………………（119）
 第二節 傳奇的類別 ……………………………………（120）
  別傳 ………………………………………………（120）
  劍俠 ………………………………………………（121）
  艷情 ………………………………………………（122）
  神怪 ………………………………………………（123）
 第三節 傳奇的影響 ……………………………………（124）
第十七章 唐五代的詞 ………………………………………（126）
 第一節 詞的興起 ………………………………………（126）
  詞爲詩餘說 ………………………………………（126）
  新興樂曲之盛 ……………………………………（127）
 第二節 唐代詞作的考察 ………………………………（128）
  詞曲之起 …………………………………………（128）
  詞調漸備 …………………………………………（129）
 第三節 五代詞一（《花間集》）………………………（131）
  君后詞 ……………………………………………（131）
  中堅作者 …………………………………………（132）
  五鬼 ………………………………………………（133）
 第四節 五代詞二（《尊前集》）………………………（133）
  君主詞 ……………………………………………（133）
  文人詞 ……………………………………………（134）
第十八章 唐五代的俗文學 …………………………………（136）
 第一節 俗文學的發現 …………………………………（136）
  發現的歷史 ………………………………………（136）
  卷數 ………………………………………………（137）
 第二節 俗文學的內容及影響（一）…………………（137）

變文的意義與組織…………………………（137）
　　　佛經故事的變文……………………………（138）
　　　非佛經故事變文……………………………（139）
　第三節　俗文學的內容及影響（二）…………（139）
　　　俗曲及詞調…………………………………（139）
　　　敘事歌曲……………………………………（140）
　　　影響…………………………………………（140）
第十九章　兩宋的詩……………………………（142）
　第一節　西崑體派及其反響……………………（142）
　　　西崑派………………………………………（142）
　　　西崑的反響…………………………………（143）
　　　蘇梅歐陽……………………………………（143）
　　　王安石與蘇軾………………………………（145）
　第二節　江西詩派及其反響……………………（146）
　　　江西詩派……………………………………（146）
　　　四大家………………………………………（147）
　　　反江西派的四靈……………………………（148）
　　　嚴羽…………………………………………（148）
第二十章　兩宋的詞……………………………（150）
　第一節　婉約派…………………………………（150）
　　　渾厚與俗俚…………………………………（151）
　　　秀媚…………………………………………（152）
　　　哀艷…………………………………………（153）
　　　清空…………………………………………（154）
　　　生硬…………………………………………（155）
　第二節　豪放派與閒適派………………………（155）

豪放派的倡導者………………………………（156）
　　附和者…………………………………………（157）
　　閒適派的作者…………………………………（157）
第二十一章　宋代的話本……………………（159）
　第一節　話本的產生……………………………（159）
　　變文的影響……………………………………（159）
　　說話的考察……………………………………（159）
　　說書有四家……………………………………（160）
　第二節　話本的流傳與其內容…………………（161）
　　篇目的考察……………………………………（161）
　　內容……………………………………………（163）
　　影響……………………………………………（164）
第二十二章　元代的雜劇……………………（165）
　第一節　雜劇的淵源與興盛……………………（165）
　　淵源……………………………………………（165）
　　興盛的原因……………………………………（166）
　第二節　雜劇的作品與作者……………………（167）
　　存亡考…………………………………………（167）
　　作者時期………………………………………（168）
　　西廂……………………………………………（169）
　　六大家…………………………………………（170）
　　元劇評價………………………………………（171）
　第三節　雜劇的餘韻……………………………（172）
　　明初的作品……………………………………（172）
　　偉大的朱有燉…………………………………（173）
第二十三章　宋元明的戲文…………………（175）

第一節　印度戲與戲文…………………………………(175)
　　題材………………………………………………(175)
　　組織………………………………………………(177)
第二節　戲文的繁興…………………………………(178)
　　題材的表現………………………………………(178)
　　五大名作…………………………………………(180)
第二十四章　明代的小説……………………………(183)
　第一節　講史派……………………………………(184)
　　《三國志演義》……………………………………(184)
　　《水滸傳》…………………………………………(185)
　第二節　神魔派……………………………………(187)
　　"四游記"…………………………………………(187)
　　《西游記》…………………………………………(188)
　　《封神傳》…………………………………………(189)
　　《三寶太監西洋記通俗演義》……………………(189)
　第三節　人情派……………………………………(190)
　　《金瓶梅》…………………………………………(190)
　　《玉嬌李》…………………………………………(191)
第二十五章　明清的詩………………………………(193)
　第一節　格調派……………………………………(194)
　　源流………………………………………………(194)
　　定名………………………………………………(194)
　　承波………………………………………………(195)
　　反響………………………………………………(196)
　第二節　神韻派與性靈派…………………………(196)
　　神韻派的意義……………………………………(197)

反響………………………………………………(198)
　　性靈說……………………………………………(199)
第二十六章　明清的崑曲與地方劇………………(201)
　第一節　崑曲的勃興……………………………(201)
　　末期的南戲………………………………………(201)
　　崑曲的興起………………………………………(202)
　第二節　崑曲的作品與作者……………………(204)
　　類別………………………………………………(204)
　　點將………………………………………………(205)
　第三節　地方劇…………………………………(208)
　　諸腔………………………………………………(208)
　　劇作………………………………………………(209)
第二十七章　清代的小說…………………………(211)
　第一節　諷刺派與人情派………………………(211)
　　諷刺派……………………………………………(211)
　　人情派……………………………………………(213)
　第二節　俠義派與譴責派………………………(215)
　　俠義派……………………………………………(215)
　　譴責派……………………………………………(216)
第二十八章　文學革命的前夜……………………(219)
　新體詩與西洋文學………………………………(219)
　　新體詩之興起……………………………………(219)
　　西洋文學輸入……………………………………(221)
附錄……………………………………………………(223)

第一章 導論

第一節 何謂文學史

文學的解釋

　　文學二字,在中國古代引用的意義和後代人的文學觀念多不符合。中國最早引用這兩個字,當是《論語·先進篇》中的"文學子游、子夏"語,這裏文學二字的解釋是包括文章與博學二義的。到兩漢時期,文學就專指學術而言了。魏晉以後,文學的觀念方漸近於吾人所謂文學的意義,觀宋文帝拿儒學、玄學、史學與文學并列可以證明。此後,雖復有主張文以明道或載道之説,然而這總在文學觀念認識清楚之後,無論如何文學與其他學術殊科的。

　　文學二字在西洋,本出於拉丁語之 Litera 或 Literature 的,當時學者用此字實含有文字、文法、文學三種意義的,所以在各種辭典查文學(Literature)這個字來看,嘗有七種不同的意義,可見西洋對於文學的解釋,也是自來不統一的。近年來作文學概論的關於定義一部分，總是如數家珍一般的羅列出各家的意見。到底文學二字作何種解釋呢？美國亨德（Hunt）教授在他所著的《文學原理及問題》上關於文學二字的意義，有一番較精確的解釋。其言曰：

　　文學是思想的文字的表現，通過了想象感情及趣味，而在使一般人們對之容易理解并且惹起興味的非專門的形式中的。

　　由這個定義，可以看出文學這種東西：(1) 是思想意識的，(2) 是想象感情的，(3) 是藝術化的，(4) 是民衆的。一般的中西人士，都覺得亨德的話明確得體，公認爲文學標準的解釋。要是在中國現代思潮中去看，不唯說是民衆的，而且是民衆生活改造的一種工具呢。

　　以上是文學二字的解釋。

歷史的解釋

　　"史"字是記事之書的意思，據說在黃帝時候已有了史官。大概周代記言記動的史官是可靠的吧。西洋歷史這個字，源出希臘文字 iotopia 一字，意義是關於過去的紀述和研究。在初步的歷史形式，無非是關於一民族、一國家、一區域、一都市的過去生活事迹（事變、現象及社會狀態）按年月日記載下來。再進一步呢，就是歷史的任務了。它的任務可以拿三個基本問題去決定：

　　(1) 過去發生了什麼？
　　(2) 爲什麼有這事迹發生？
　　(3) 其影響若何？

　　在第一個問題，就是確實在過去某時期曾發生過的事迹，并且要分析事迹的特點、特性及特征，好作第二個問題的根據。在第二個問題是確定了事迹本身之特殊後，進而追求產生這種事迹的各種因果關係，如產生這事迹的諸事迹以及歷史演進過程中的諸情態。第三個問題就是已説明的事迹，它對於地方性、民族性以及國際性的影響。

以上可以看出歷史的意義與任務。

文學史的解釋

文學史自然是一種限於文學的歷史，它的意義完全要根據歷史而來。像有些作文學史的列出作家的姓名，真如"點鬼簿"一般。排列出作品名目，又與點菜單無異。所以有人説，真正的文學史必須擺脱"名勝一覽"或"都市指南"式的態度。作者要有歷史的精神，具備一種批評的眼光，做到説明(to interpret)、證明(to verify)、鑒定(to judge)的程度。還不要忘掉文學爲生活的表現，不唯對於文學作者個人生活有精細的探討，對於產生文學的時代精神、社會環境亦須有真切的認識，然後再就確定了的事實上去考察它所發生的影響。我們爲了明白文學史的任務起見，仿上邊歷史的公式列之於下：

(1) 研究文學作品之本身；
(2) 研究文學演變之原因；
(3) 研究文學演變之影響。

第二節　中國文學史之產生

因爲中國前代文學觀念從未確定,所以文學史的著述也從未發現完整的東西。要以中國的通史來看,是流水賬式的事務記載,是御用的皇家年譜,所以從通史中去找文學史,也不過找出《儒林傳》、《文苑傳》一類的東西罷了。在史書以外,詩文集序、詩話語林上,尚可尋出一些近於文學史的零章斷篇。現在我們簡單地考察一下:

文學史的踪迹

文史的名稱,始於唐吳兢底《西齋書目》。迨後歐陽修底《新唐書·藝文志》襲用其名,於是修史的往往在總集後,附列出文史一門,録入《文心雕龍》、《詩品》以下的評文學之書。但這裏所謂文史,還不是現在所謂的文學史。

宋《中興書目》有云:"文史者,譏評文人之得失也。"可見文史的含義,不過是文學史中的一部分工作罷了。

要是考察前代文學史的篇什,當推劉歆底《詩賦略》爲最早,不過《詩賦略》業已不存;所幸《漢書·藝文志》是本《七略》而作的,《藝文志》上關於詩賦之分類有五,即賦三,雜賦一,歌詩一。關於詩賦變遷之原因有云:

賦者,古詩之流也。古者諸侯卿大夫交接鄰國,以微言相感,當揖讓之時,必稱詩以喻其志。春秋以後,周道寖壞,聘問歌詠不行於列國。學詩之士,逸在布衣,而賢人失志之賦作矣。

由這一段,可以看出《詩賦略》的性質了。同時要認爲是文學史最早的篇什呢。

次一點是晉摯虞《文章流別志論》,隋志稱《文章流別集》四十一卷,《文章流別志論》二卷。此二卷本,却亦具着文學史的性質,雖此論前代已亡,後代集本,亦還不少(有張氏《百三名家》本,嚴氏《全晉文》本等)。我們引它的一段《哀辭》來看,即可以知其大概。

哀辭者,誄之流也。崔瑗、蘇順、馬融等爲之。率以施於童殤夭折不以壽終者。建安中文帝臨淄侯各失稚子,令徐幹、劉楨爲之哀辭;哀辭之體,以哀痛爲主,緣以嘆息之詞。

是此《文章流別志論》無疑的可以作爲文學史的性質去看的。據云:《文章流別集》内文章爲若干體,每體中論其流别主旨及作家等。後人集出名爲《文章流別志論》。

此外《文心雕龍》的究文體之源流,《詩品》的第作者之甲乙,現行本之任昉《文章緣起》以及唐以後的零篇斷章,多可認爲近於文學史之篇章的。

文學史的産生

中國文學史的産生,并不是出於中國人之手的。細考察起來,以1901年翟理斯(A. Giles)出版之英文本《中國文學史》爲最早。次一點或者要屬日本笹川種郎著的《支那文學史》,它是收在日本博文館明治年間所出之《帝國百科全書》之内的。中國人自己着手來著的,要屬侯官林傳甲底《中國文學史》爲最早。林氏爲清末北京優級師範館的教授。是書編撰的時期,約在光緒三十年,序上有"光緒三十年十二月朔,侯官林傳甲記"的字樣。出版的日期是宣統二年(1910年)六月,(竇警凡,《歷朝文學史》,光緒三十二年鉛印,未見。)印行的書局,是日本東京弘文堂。

這部文學史,并不是林氏的創作,在《大學堂章程自序》上說:"日本有中國文學史,可仿其意,自行編撰講授。"

按當日早稻田大學有《支那文學史》課目,想林氏或爲模仿早稻田大學《支那文學史講義》而著此書。

林氏的文學史,全書共分十六篇,每篇分十八章,都爲二百八十八章。內容是中國學術無所不包,文字學、羣經學以及周秦傳記雜史,都在敘述之列的。

民國以來,文學的空氣頓爲濃厚,所以文學史的製作日多,到現在已不下數十種了。

本章參考書:

(1) 郭紹虞:《文學觀念的變遷》,《東方雜志》。

(2) (日)本間久雄:《文學概論》第一章,章錫琛譯,開明書店。

(3) Keltuyala:《文學史方法論·緒論》,陸一遠譯,樂華圖書公司。

(4) 張長弓:《略論中國文學史》,嶺南大學《學術討論》二、三期。

(5) 須尊:《文學史之新途徑》,《鞭策周刊》二十一、二十二、二十三期。

(6) 郭紹虞講:《上古文學史筆記》。

第二章　中國文學史之初幕

第一節　詩篇是怎樣產生的

古人的詩論

中國前代文學觀,雖然未臻於明晰之域,然從來諸家之論詩,多未失純文學的觀點。對於詩之產生,亦多發出肯綮之論。這是值得慶幸的。

最初《尚書》上唱出"詩言志,歌咏言",把詩的本身意義,亦算沒有鬧錯。所謂"志",也就是心情意志的意思。後來荀卿接着也說"詩言其志也"。迨後漢的衛宏在《毛詩序》(據《後漢書・儒林傳》)上把詩產生的道理以及詩之形式與特點都闡發出來了。序云:

詩者志之所之也,在心爲志,發言爲詩;情動於中而形於言,言之不足,故嗟嘆之,嗟嘆之不足,故咏歌之,咏歌之不足,不知手之舞之足之蹈之也。

把詩產生的道理說得這樣明白,我們不能不承認詩論在後漢之進步了。後來朱熹作《詩經集解》時，序言中就是推演衛氏的意思。而歷代如摯虞《文章流別志論》、鐘嶸《詩品序》、沈約《謝靈運傳論》等，論詩之產生，在衛氏意思以外，亦缺少新的理論的。

實生活與詩

不過衛氏的理論，還缺少具體的意見。我以爲詩之產生，是伴着人類實生活而來的。所以沈約說："歌咏所興，自生民始。"即人類有了生活，即產生詩歌。

再徵諸西人之言，如：

麥更西（A. S. Mackenjie）在《詩的起源》上，以爲詩的發生要早於明晰的言語，而以現存原始民族單純的原始詩作爲證例，但是他也不否認詩歌最初構成時的三個要素。這三個要素即是我國《樂記》所記之："詩言其志也，歌咏其聲也，舞動其容也。"也就是音樂、舞蹈、詩歌的三位一體（Trinity）。莫爾頓（R. G. Moulton）底《文學之近代研究》，也以原始之文學爲詩與音樂、舞蹈之混合物，所謂 ballad 者是也。在中國古代相傳之歌八闋，很足以代表此種情態，《呂氏春秋·古樂篇》有云："葛天氏之樂，三人摻牛尾投足以歌八闋。"

此可以想見當日之言語、音樂與動作的。據説北美洲印第安人有一種野牛舞，或與此相類。

這是説原始詩歌之要素。然詩，怎樣纔會產生呢？當然是上面所謂實生活的關係。畢夏（Bucher）在其《勞動與韻律》一文中云：

在其發達的最初階級，勞動音樂及詩歌是最緊密地結合着的。

而芬蘭大學的美學教授希倫(Hirn，1876—)在《藝術的起源》中亦云：

我們以爲最原始的野蠻人的舞蹈，如北美印第安人及黑奴的舞蹈，實在也是非單純的藝術之所産，他們是依了這作爲日常狩獵時射擊鳥獸的練習。那舞蹈的動作，便是他們所狩獵鳥獸之動作。

由希氏的論説看來，詩歌之産生與實生活確有不能分離的事實。那麽，我們可以得一結論，詩歌之産生是對於當日社會上實生活有着密切的關係，亦即詩歌是由實生活中、勞動中産生出來。觀《禮記·曲禮》鄭注"春不相"的所謂："古人勞役必謳歌，舉大木者呼邪許"益足以相信此説了。

第二節　三百篇以前之詩篇

鑒僞的理由

詩歌既是原始社會中已經産生，周代的詩三百篇當然不能算作中國最早的詩歌。唯是中國最早的詩歌現在已經無從得知了，因爲當日缺少文字的記載，雖然大家利用口授，久而久之便失傳了。後代書籍上所記之古代歌謠，多爲僞託，是不足以憑爲史料的。文字的記載始於何時呢？據現在殷墟發掘的甲骨文字來看，一個字有多種的寫法（"吉"字有三十八種），自然是歷史演變的關係，然由此可以看出當日文字尚未臻於成熟的地步。文字既未成熟，記載的時候當然甚爲簡陋。

所以我以爲文字之足以記載事物,最早是在商之末期。在稱爲周以前的諸歌謠中,或者拿詩體發展之歷程去觀察,而判定其爲僞托,如舜時《八伯歌》之用八伯,再如《孔子家語》所記之《南風》詩,"詞露意淺,聲曼力弱,正如韓子《拘幽操》之擬文王,《履霜操》之擬伯奇耳"(見崔述《唐虞考信錄》)。又《五子歌》、《刺桀歌》等,一經考據家去鑒別,是多無存在之餘地的。

存疑的詩歌

現在把比較有可信之成分的歌謠,存疑數篇於下:
(一)《彈歌》
《吳越春秋》(僞托後漢趙長君著)曰:越王欲謀伐吳,范蠡進善射者陳音。王問曰:孤聞子善射,道何所生?對曰:臣聞弩生於弓,弓生於彈,彈起於古之孝子,不忍見父母爲禽獸所食,故作彈以守之。歌曰:

斷竹,續竹,飛土,逐宍。

這一首歌,劉勰《文心雕龍》的《通變》、《章句》等篇,以爲是黃帝時歌,雖不可信,要之當是古歌。古代的人民知識未開,人死之後,哪裏有衣衾棺槨去埋葬,所以孝子們須在野外看守父母的死尸。當日這一種風俗,并不是過於理想。你看聖人作古文之"弔"字,是一個人和一張弓,去祭弔的人所以要帶弓的原因,便是幫助主家去趕禽獸,不過後來把"弔"字寫成"弔"字,是只見弓不見人了。所以這首歌,很能代表古代社會生活的意味。

(二)《擊壤歌》

此詩見於皇甫謐《帝王世紀》及《高士傳》等書,以爲當日天下太平,百姓無事,有老人擊壤而歌。其歌云:

日出而作，日入而息。鑿井而飲，耕田而食。帝力於我何有哉！

這首歌很足以看出以農立國的農民生活，其意味是生活在都市裏的人們所不能領略的。農夫們到現在仍然是以太陽爲時辰鐘，有時候鑿井而飲，有時候就溪而飲，連夢中也想不到有自來水這回事。由現在的農民生活去推測當日的生活狀況，這首歌在當日是有實際生活之意味的。日本人以爲有黃老的思想，與我的意思不同。

（三）伊耆氏《蜡辭》

《禮記·郊特牲》云：伊耆氏始爲蜡，蜡者，索也。歲十二月合聚萬物而索饗之也。《祝辭》云：

土反其宅，水歸其壑，昆蟲毋作，草木歸其澤。

這是農家禱告之辭。在年底時候，收穫已畢，大家聚在一塊兒作第二年的空想。"草木歸其澤"，是草木要生長在池澤之內，勿荒蕪了良田。從這裏也可以看出當日農民的生活與思想。

（四）《麥秀歌》

這首歌見於《史記·宋微子世家》，說箕子朝周，過故殷墟，感宮室毀壞，生禾黍。箕子傷之，欲哭則不可，欲泣爲其近婦人，乃歌以悲之。其歌云：

麥秀漸漸兮，禾黍油油。彼狡童兮，不與我好兮。

人之常情，睹舊而感，感極而悲，悲極而歌。於情理很可以說得過去。

詩三百篇以前之歌謠，據各書所載，有二十餘首之多，現在只選出這四首來以存疑。在此四首之中，想亦非原來之真面目，字句之改削，修辭之變遷，不知經了後人多少的損益。

因爲它們合於當日之生活實況,所以料其爲由傳述中記錄下來的。

第三節　韻文之發達

韻文的發達

任何一個國家,文學史的初幕,都是韻文發生在散文之前的。這已經有事實的證明:不論希臘之史詩與印度之古梵文,同是用韻文寫成的。一般來說,韻文發生在散文之前,多是根據各國文學史最初的史迹爲詩歌的緣故,這自然是很確鑿的事實。詩歌是由原始的人之實生活中就產生出來,因爲它是口頭的文學,自然歌唱,所以需要天然的節奏與韻脚。現在我以爲不僅由詩歌可以看出韻文發生在散文之前,而古代韻文之發達,亦是顯明的史迹。由此可知韻文在古代的勢力,幷足以考知詩歌本身滋長的容易了。

在周代詩歌總集的詩三百篇本身是韻文,暫且不提,拿子書的《老子》,經書的《周易》來說,都是顯著的韻語之書。他如《尚書》之《堯典》,《管子》之《牧民》以及《韓非子》之《守道》等篇,皆爲韻語。再拿《論語》來看,五百章的二十篇之中,有韻文之形者,占二百三十餘章之多(見日本岡田正之《論語韻文之研究》)。是中國現存最古之書籍,多由於韻文寫成的。

發達的原因

中國古代之韻文,何以會這樣的發達呢?大概是實用與否的關係吧。在古代文學產生之後,記載之具,尚未臻於完備,在記誦與流傳上,不得不賴於口耳之相傳。阮元《文言說》云:

古人以簡冊傳事者少,以口舌傳事者多;以目治事者少,以耳治事者多。同爲一言也,轉相告語,必有愆誤,是必寡其詞,協其音,使遠近易誦,古今易傳。

阮氏此說,可謂至當。徵諸後世之"雜藝百家,拾用名數,率用五七言,演爲歌訣",如史游《急就篇》、魏伯陽《參同契》以及《千字文》、《百家姓》等用有韻之文可知。

韻文在古代既然這樣發達,而與人生俱來的詩歌,本身就是歌唱的,既易於記誦,其發達是不待言的了。

本章參考書:

(1)(清)王士禎:《古詩選》,《四部備要》本。
(2)(清)沈德潛:《古詩源》,嘉慶八年重刊本。
(3)陸侃如:《中國詩史萌芽時代》,開明書店。
(4)(清)崔述:《唐虞考信錄》,《崔東壁遺書》文化翻印本。
(5)(日)岡田正之:《論語韻文之研究》,日本《斯文雜志》創刊號。
(6)(日)本間久雄:《文學概論》第三章,章錫琛譯,開明書店。

第三章　詩三百篇

第一節　詩三百篇之集成

兩種舊説

詩三百篇之集成，自《史記·孔子世家》以來有一種因襲的説法，是采詩與獻詩之集合，後來至聖先師的孔子産生，纔從三千多篇中選刪爲現在通行的這個薄本，至今這種説法我們不能再承認了。要從史的真實中推翻以前的理想論，唯是采詩與獻詩在古籍中著錄的很多，在此頗應有一番檢察的工作。兹將諸書之説備列於後：

（一）采詩

1. 古文家的《左傳》説（自上行下）

《左傳·襄公十四年》引《夏書》云："遒人以木鐸徇於路，官師相規，工執藝事以諫。"

杜預《左傳注》云："遒人，行人之官，木鐸徇於路，求歌謡之言。"

《漢書·食貨志》云："孟冬之月,行人振木鐸徇於路,以采詩,獻之大師,比其音律,以聞於天子。"

2. 今文家的《公羊傳注》說（自下行上）

何休《公羊傳注》有云："五穀畢,人民皆居宅,男女同巷,相從夜績。從十月盡正月止,男女怨恨,相從而歌,饑者歌其食,勞者歌其事。男年六十女年五十無子者,官衣食之,使之民間求詩,鄉移於邑,邑移於國,國以聞於天子。"

（二）獻詩

《國語·周語》云："故天子聽政,使公卿至於列士獻詩,瞽獻曲,史獻書,師箴,瞍賦,矇誦。"

又《晉語》云："古之王者,使工誦諫於朝,在列者獻詩。"

《毛詩卷阿傳》云："明王使公卿獻詩。"

懷疑論者

朱子在《毛詩集傳·國風注》,亦以為"風"是諸侯采之貢之於天子,天子列之於樂官,"雅""頌"是朝廷之上所作的。到底采詩獻詩在周代有這樣的美政沒有？中國第一個懷疑的人,要是崔述了,崔氏《讀風偶識》云：

余按克商以後,下逮陳靈,近五百年,何以前三百年所採甚少,後二百年所采甚多？周之諸侯,千八百國,何以獨此九國有風可采,而其餘皆無之。……且十二國風中,東遷以後之詩居其大半,而春秋之策,王人至魯,雖微賤無不書者,何以絕不見有采風之使？乃至《左傳》之廣搜博采而亦無之。則此言出於後人臆度無疑也。……大抵漢以降之言詩者,多揣度而為之說。其初本無的據,而遞相祖述,遂成牢不可破之解,無復有人肯考其首尾而正其失者。

崔述大膽地揭示出這種臆說,日本青木正兒不知是否受了崔氏之暗示,作了一篇《自詩教發展之徑路見疑於采詩之官》一文,他以爲采詩之官是儒家的理想論,把詩教之完成分作三個時期。

A. 在西周有樂教無詩教。
B. 至春秋賦詩之風盛行,而詩教漸萌芽。
C. 至戰國時代詩教已完成。

他是以音樂進化的觀念來考殷周時代,分爲樂主詩從期、樂詩分歧期、詩教定礎期的,因而有以上三段歷程,由以上的三段歷程中,推定孔子以前是無詩教的。孔子也未嘗刪過什麼詩,所以到最後的結論,便是以下的四端了。

（1）周政府有采樂無采詩。
（2）詩之內容僅供音樂之實用,非供政教之資料。
（3）孔子未曾刪詩,只是自然淘汰的結果。
（4）獻詩說、采詩說、陳詩說,不過是詩教發展之後,自詩教之見地構想出來的理想論。

漢以後經書爲人所崇尚,詩教之基礎更因之而鞏固。漢武帝既立樂府,采趙、代、齊、楚之謳謠,於是想到周代一定也有同樣的制度,采詩獻詩之說的假想遂以成立。

至於詩三百五篇之數目,爲自然淘汰的結果,而非任何人所刪,亦是確當之論。拿後代記錄之工具完備,以推斷前代是不可以的。在當日斷不容有數千篇的詩歌在存錄着,因爲篇什之不易記錄,隨佚隨起,這是敢斷言的。況且孔子自己亦常說詩三百之數呢？而墨子《公孟篇》亦常稱孔子誦詩三百,舞詩三百,弦詩三百。大概詩三百篇是當日經了孔子整理一番,後人遂起了誤會。再說當日如果有數千篇之詩,何以三百篇以外很少見於周代之書物上呢。今考左邱明自引及述孔子之言所引者共四十八條,而逸詩不過三條,其餘列國公卿共引詩一百一條,而逸詩不過五條。又列國宴享歌詩贈答七十條,而逸詩不過五條,是逸詩僅刪存詩二十之一也。若古詩有二千餘篇,則所引逸詩宜多於刪存之詩十倍,豈有古詩則十倍於刪存詩,而所引逸詩反不及刪存詩二三十分之一也(見趙翼《陔餘叢考》卷二)。故知《史遷》三千餘篇之説,不足以信乎後人。

第二節　詩三百篇内容概説

詩三百篇是周代的一部民歌總集,雖有些是文人執筆,但姓名多已不可考的了。《小序》所述某詩爲某人所作,那是後人猜測的話,不可靠,唯有從詩篇中可以看到"家父作誦,以究王訩"(《小雅·節南山》)、"吉甫作誦"(《大雅·嵩高》、《大雅·烝民》)等人名的指示。他的時代是公元前11世紀至公元前6世紀約有五百年之久的。

分類與表現法

自來都是以風雅頌三大類來作三百篇之類別的,現在從他的内容性質上去估定,分作貴族樂歌與民間謠歌兩大類別:

(1) 貴族樂歌

a. 宗廟樂歌——《下武》、《文王》等。

b. 頌神樂歌或禱歌——《思文》、《雲漢》等。

c. 宴會歌——《鹿鳴》、《伐木》等。

d. 田獵歌——《車攻》、《吉日》等。
e. 戰爭歌——《常武》等。
f. 其他

（2）民間謠歌
a. 戀歌——《靜女》、《中谷》等。
b. 結婚歌——《關雎》、《桃夭》等。
c. 悼歌及頌賀歌——《蓼莪》、《螽斯》等。
d. 農歌——《行葦》、《既醉》等。
e. 其他

在詩三百篇中，我們常願讀民間的謠歌，不樂於讀貴族樂歌，因爲民間謠歌多具有迫切動人的情感。按表現法來說，詩有賦比興三義，賦是鋪陳其事而直言的，興比則爲言在此而意在彼，是借物托事以言，曲折婉轉以達的。因之其表現之情感，更令人感覺到真摯有力。如：

關關雎鳩，在河之洲，窈窕淑女，君子好逑。
南有喬木，不可休息，漢有游女，不可求思。

這都是作者意有所美，先托一件事物，然後才能顯出言近而旨遠的美妙。所以比興的寫法，在後人還常常使用。

形容詞與用韻

在詩三百篇中的描寫有一點應該特別提出的，是他的形容詞儘用諧聲的寫法。如形容雎鳩之聲則用關關；形容草蟲之聲，則用喓喓；形容雞鳴之聲，則用膠膠；形容鹿鳴之聲，則用呦呦；形容築土之聲，則用登登。諸如此類的很多。現在我們以爲關關不似雎鳩之聲，喓喓不似草蟲之聲的原因，是我們讀的不是古音。日本大島正健作了一篇《詩經中聲音字描寫的考察》(見《支那古韻史》),完全是說的這種道理。

再者用重疊字來作形容詞的,也是一種特點。如:

以陽陽形容無所用心之狀——《君子陽陽》
以蹲蹲形容舞蹈之狀——《伐木》
以猗猗形容綠竹美盛之美——《淇澳》
以夭夭形容桃葉少壯之貌——《桃夭》
以依依形容楊柳茂盛之貌——《采薇》

諸如此類的重疊字形容詞,是很多很多,舉不勝舉。再如虺隤、委蛇、輾掌、差池、綢繆、優游等,皆以疊韻二字爲聯綿形容之辭。又有雙聲而兼疊韻如綿蠻之類,疊韻而兼雙聲如間關之類,是皆詩三百篇上形容詞之妙也。

詩三百篇上之用韻的研究,始於顧炎武之《音學》。他以爲三百篇用韻之法只有三例,不過略發其凡,未有成書。江慎修著《古韻標準》,把三百篇之韻例舉二十二則。孔廣森《詩聲類》分例,舉三百篇韻例二十七,丁以此《毛詩正韻》以爲韻例有七十四,似此三百篇中無字不韻了。因爲用韻的關係,句子遂造出多少的變化,完成一部文辭美妙的文籍。

第三節　詩三百篇對於後代文藝之影響

詩三百篇這部東西,要以所謂"詩教"的眼光來解釋,對於後代文藝的關係是很重大的。譬如說戰國時代,是縱橫家抵掌揣摩,騰說以取富貴時代,其文辭多爲鋪張揚厲,變本加厲,以求動人之聽聞。這就是推衍比興之旨,諷諭之義能專對四方之結果。章學誠《文史通義·詩教》云：

> 學者惟拘聲韻謂之詩，而不知言情述志敷陳諷諭抑揚涵泳之文，皆本於詩教。

章氏之言，不能算過分，一種古代的文學作品，後人或有意地去模仿，或無意地受其影響，都不能脫離它的關係的，像荷馬(Homer)的史詩，在歐洲 Virgil、Dante、Milton 都深受其影響的。關於詩三百篇之影響後代文壇，我們可以分做兩方面來看：

體裁的

後代詩式關於字之多少，而別出各種的詩體，由一言以至於九言。其中四言、五言、七言爲後代詩體之大派，論者謂這種情形皆由於詩三百篇中而來。摯虞《文章流別志論》云：

> 古之詩有三言、四言、五言、七言、九言、六言，古詩率以四言爲體，而時有一句二句雜在四言之間，後世演之，遂以爲篇。古詩之三言者："振之鷺""鷺於飛"之屬是也，漢郊廟歌多用之。五言者："誰謂雀無角，何以穿我屋"之屬是也，於俳諧倡樂多用之。六言者："我姑酌彼金罍"之屬是也，樂府亦用之。七言者："交交黄鳥止於桑"之屬是也，於俳諧倡樂多用之……

以上言後代各種詩體，皆由於詩三百篇而來。若再詳細點說，謝榛底《四溟詩話》云：

> 《江有汜》，乃三言之始，迨《天馬歌》體製備矣。

劉勰《文心雕龍》關於五言又云：

> 召南行露，始肇半章；孺子滄浪，亦有全曲；暇豫優歌，遠見春秋；邪徑童謠，近在成世；閱時取證，則五言久矣……

這一節說着五言發生之途徑，而起源於詩三百篇。總之以體裁而論，後代之詩不能出乎詩三百篇以外的。

内容的

在詩三百篇中所咏寫的内容，是包容得很廣的，後代的各種詩派，往往從這裏分化推演而成。拿咏物與寫景來說吧，咏物是以天地自然爲對象，是映畫的叙景詩。漢蔡邕底《翠鳥詩》爲最初的題名作，斷於陳隋的古樂府裏，其題有時景二十五，山水十三，草木二十一，鳥獸二十一的名目都是咏物。在佩文齋《咏物詩選》裏，載咏物之作，凡一萬四千六百九十五首之多，其物象天、日、月、星以下達於四百八十六類呢，此可見咏物詩之多了。至於説到寫景詩，《文選》上有游覽之作二十三首，行旅之作三十一首。其中單以謝靈運而言，在游覽詩中有九首，行旅詩中有十首，所以後人稱他爲山水派的祖師呢。

這種咏物寫景詩，在三百篇上已開其先河了，譬如《陳風》的《東門之楊》是：

東門之楊，其葉牂牂，昏以爲期，明星煌煌。

東門之楊，其葉肺肺，昏以爲期，明星晢晢。

拿牂牂、肺肺來形容楊樹，拿煌煌、晢晢來形容明星，不能不稱爲善於表現。再如《小雅》的《出車》末章云：

春日遲遲，卉木萋萋。倉庚喈喈，采蘩祁祁。

亦皆用重疊字來表現。外如"風雨瀟瀟，鷄鳴喈喈，風雨瀟瀟，鷄鳴膠膠"（《王風·風雨》），"楊柳依依，雨雪霏霏"（《小雅·采薇》）之類，都足以啓發後人之咏物寫景的。

以上咏物寫景是客觀的文學，再看主觀的文學戀愛之作吧。後漢古詩十九首中像《明月何皎皎》、《冉冉孤生竹》明明是寫戀愛的，秦嘉、徐淑的《贈答詩》，蘇伯玉妻的《盤中詩》，都是敘述纏綿相思之情的。魏晉以後南北朝時期,寫戀愛詩簡直成一種風氣,所以徐孝穆把這一類的東西,集合起來編了一部《玉臺新詠》。在三百篇中,描寫求愛的有《野有死麕》、《摽有梅》之類,描寫戀愛的有《桑中》、《東方之日》之類,描寫結婚的有《桃之夭夭》、《何彼襛矣》之類,描寫相思的有《卷耳》、《汝墳》之類,描寫單戀的有《有女同車》、《出其東門》之類,描寫拒愛的有《行露》、《匏有枯葉》之類。由這樣看,三百篇簡直可以當着戀愛詩之詞典來看呢。

本章參考書:

(1) 張世祿:《中國文藝變遷論·詩經對於後代文藝之影響》,商務印書館。

(2)(清)章學誠:《文史通義·詩教》,通行本。

(3)《毛詩正義》四十卷,毛亨傳,鄭玄箋,孔穎達疏,十三經注疏本。

(4)(清)崔述:《讀風偶識》四卷,《畿輔叢書》本。

(5)《自詩教發展之徑路見疑於采詩之官》,《支那文藝論藪》本。

(6) 鄭振鐸:《插圖本中國文學史》第四章,樸杜本。

(7) 胡樸安:《詩經學》,商務印書館。

(8)(日)兒島獻吉郎:《中國文學概論》第二十六章,胡行之譯,北新書局。

第四章 楚　　辭

第一節　騷賦生成之淵源

　　詩三百篇以後，有一部偉大的文人創作集，那就是《楚辭》。《楚辭》中包含着屈宋諸人的騷賦與漢代文人的辭賦，這裏是僅就騷賦而言的。騷賦的生成，據通常說法是繼承詩三百篇演進而來的，實則它也有自己的社會背景與前代之淵源，而天才的作家屈宋等適逢其時，所以偉大的製作，便流傳在人間了。現在把這些原因陳述於下：

時代的背景

　　凡一種文藝的產生，時代必作爲基本的背景。戰國時代，當封建制度之後，正是政治學術分裂時代。當此分裂之時，諸子羣起，爭鳴於世，於是爲了宣傳自己的學說或主張，遂著於竹帛而成專書，著述之風氣因而大盛，章學誠《文史通義·詩教》云：

　　周衰文弊，六藝道息，而諸子爭鳴，蓋至戰國而文章之變盡；至戰國而著述之事專，至戰國而後世之體備。

這就是說着這種道理。再在這種縱橫家游說的時代，自然是文過其質，所以優美的文學漸漸產生。屈宋生在這種時代，自不能擺脫這種風氣，所以劉勰《文心雕龍·時序》有云：

春秋以後，角戰英雄，六經泥蟠，百家飆駭。……惟齊楚兩國，頗有文學，齊開莊衢之第，楚廣蘭臺之宮……屈平聯藻於日月，宋玉交彩於風雲。觀其艷說則籠罩雅頌，故知暐燁之奇意，出於縱橫之詭俗也。

由此可知騷賦上那種幽遠詭異之想，雄大宏麗之辭，完全由於戰國時代之背景而產生的了。

古樂的衰亡

戰國時代，雅樂漸漸淪亡了，樂師們散往各國（見《論語》），於是各國的新樂興起。一般人呢，也厭惡了雅樂，而願享受新興的樂調，和現在許多人愛聽西洋歌曲一樣。章太炎《國故論衡·辨詩》云：

魏文侯聽今樂則不知倦，古樂則卧，故知數極而遷，雖才士勿能以爲美。

這是說新興音樂的勢力。又《國語》載晉平公好新聲，孟子言齊宣王好世俗之樂，皆足以見新興音樂勢力之大。這時候的新興音樂，鄭衛之聲，大概是一種。孔子惡鄭聲之亂雅樂也，《樂記》所謂鄭衛之音，亂世之音也，這都是對於雅樂有了成見，所以對於新興的加以抨擊。在鄭衛之樂外，還有秦樂，也是新興音樂之一。所謂秦聲之歌缶烏烏是也。楚國是一大國，"亞飯干適楚"，他們的楚聲之興起是無異議的。賦騷之製作於新興音樂之空氣中，也是理想中事。朱熹《楚辭序》云：

"又有僧道騫者,能爲楚聲之調,今亦漫不復存。"這是騷賦之可以入樂的一個明證。所以說騷賦之興起與古樂之衰亡是有關係的。

體製的源流

騷賦體製很特別的,大家都知道愛用"兮"字,這一種情形并不是突有的現象。原來楚國文學的特徵是音調緩而長,所以須加上一個托音字,"兮"字就是托音字。我們檢查《國風》中的《楚風》(林艾軒《與宋提舉書》以二南爲楚風),如《周南》的《螽斯》與《麟趾》,《召南》的《摽有梅》,都是兩句離不了一個"兮"字的。而其他國風,雖然亦間有用兮字的,亦多爲楚之鄰國,邦土相接,歌調自然要多少受其影響的。次於三百篇的楚國最早之歌,是樊姬的《琴歌》、扈子底《昭王返郢歌》,皆用"兮"字組成。又如《子文歌》、《楚人歌》雖不見"兮"字的形,那是劉向的錯誤,倘若把《楚人歌》的"乎"換作"兮"字,那又何不可呢?再如《越人歌》、《徐人歌》以及《孟子‧離婁》所引之《滄浪歌》,《左傳‧哀公十三年》所引之《庚癸歌》,又何一而非"兮"字體呢?這都是楚國遠祖的道地文學,可見騷賦之體製是由來已久了。茲將以上所述之歌,示例二首於下:

A. 樊姬《琴歌》:

忠言信兮,從正不邪。衆妾進兮繼嗣多。

B. 《越人歌》:

今夕何夕兮,搴中州流?今日何日兮,得與王子同舟?蒙羞被好兮,不訾詬恥;心幾頑而不絕兮,知得王子。山有木兮木有枝,心說君兮君不知。

第二節 騷賦之內容及對於後代文壇之影響

楚辭之有專集,是到劉向才編定的,內包含屈原、宋玉以及漢東方朔、莊忌諸人的作品。爲什麼叫做《楚辭》呢?大概是屈宋等是楚人的緣故。宋黄伯思《翼騷序》云:

屈宋諸騷,皆書楚語,作楚聲,紀楚地,名楚物,故可謂之《楚辭》。

這話是説得很對的。也有人説楚辭之"辭",是和漢代之"賦"具同一之意義的。這話可靠與否,不是我們這裏所要討論的。

屈宋的作品

關於屈宋作品真僞的問題,是一個未解决的問題。屈原賦在《漢書·藝文志》中著録二十五篇,這二十五篇的合算法,共有五種之多。不論怎樣算法,二十五篇中,確有不少非屈原的作品在内。如《遠游》中,有一句是"羨韓衆之得一"。韓衆是秦始皇時候的方士,那裏能引用在屈原的作品中呢?《卜居》、《漁父》兩篇,開筆俱説"屈原既放",這顯然是第三者的辭句。所以我們認爲是出自屈氏手筆的,大概只有《離騷》一篇,《天問》、《招魂》與《九章》九篇而已,若《九歌》之類,乃楚國之民歌,或者曾經過屈氏之手而加以筆削,或者是出自無名氏之手的。

第四章 楚　辭

宋玉是晚於屈原的一個楚國作家,《新序》說他是楚襄王,又說楚威王問於宋玉曰……《北堂書鈔》又說是楚懷王,衆說紛紜。大概他是楚襄王時候的人,因爲《史記·屈原列傳》說他是稍後於屈原的。

他的作品,在《漢書·藝文志》著錄賦十六篇。現在《楚辭》中只有《九辯》與《招魂》,《文選·古文苑》雖亦集編出十來篇,都不在述說範圍之内。況且《風賦》、《高唐賦》、《神女賦》、《大言賦》、《小言賦》等篇,内中皆見楚襄王的字眼,若襄王未死,决不能稱襄王,襄王死了,臣人亦不能自稱其國名的。至於《招魂》,也有人懷疑,大概《九辯》一篇是最可靠爲宋氏所作的東西。

内容的表現

《九歌》是一種可寶貴的民歌,或者曾經屈原筆削了一次,但也說不定。它的内容極爲復雜,大概可分爲兩部分,一部分是楚地的民間戀歌,如《湘君》、《湘夫人》、《大司命》、《少司命》、《河伯》、《山鬼》等,一部分是民間祭神祭鬼的歌,如《雲中君》、《國殤》、《東君》、《東皇太乙》、《禮魂》等是。至於《離騷》,那是一部想象豐富的製作,他所見到的都是仙人,他所走到的地方都是仙境,叙述他的身世,發抒他的牢騷,完全藉着神話似的表現出來。《九辯》是以九篇詩組成的。九篇的情調,也有相同的,也有不相同的,他也傷時、怨君、罵世,但是詞意不失温柔敦厚之旨。

這時期的作品,表現上已大有進步,拿《湘夫人》中"鳥何萃兮蘋中"與詩三百篇上的《大車》比較一下,拿《少司命》中"人不言兮出不辭"與詩三百篇上的《采葛》比較一下,都可以看出來的。

再者地方色彩亦很濃厚,往往用楚語,紀楚物,如《離騷》中之宿、莽、羌、憑、佗、傺等等都是。這種現象在詩三百篇中是比較少的。

影響

屈宋等人的製作,其影響於後代約有兩點可言:

(1) 辭賦之祖——明徐師曾《文體明辨》曰:"《楚辭》者,詩之變也。……屈平後出本詩意以爲騷,蓋兼六義,而賦之義居多。厥後宋玉繼作,并號《楚辭》,自是辭賦之家悉祖此體。"

(2) 造句自由——在詩三百篇中,雖也有長短句,比較以整齊的句法爲多。在屈宋等人之作品中,三言、四言、三四七言、三三六言,是完全不拘束的,怎樣表現合適,就怎樣造句,這是對於後代有極好的影響。

本章參考書:

(1)《楚辭》,王逸章句,洪興祖補注,金陵書局刻本。

(2) 游國恩:《楚辭概論》,商務印書館。

(3) 鄭振鐸:《插圖本中國文學史》第四章,樸社本。

(4) (清) 張世祿:《中國文藝變遷論》第十二、十三兩章,商務印書館。

(5) 鄭賓于:《中國文學流變史》第二章,北新書局。

(6) (日) 鈴木虎雄:《騷賦生成論》,《支那文學研究》,日本弘文堂本。

第五章　荀卿製作之解剖　并小説雛形之産生

第一節　荀卿作品的分析

　　戰國年間，北方産生了一位值得稱説的作家，他的文學作品爲了他的哲學思想被人忽略的，那便是荀卿了。荀卿的生卒年月，不詳於史籍，據我在《荀卿的韻文》一文内的考證，他是晚生於屈原三十一年，晚死於屈原五十年以上的。宋玉、唐勒一般作家，也許和他夠上忘年之交了。現在先分析他的作品。

　　《成相篇》的解釋

　　《漢書・藝文志》，賦家載《孫卿賦》十篇，除五賦外，後人不得其解。實則《成相篇》可以分爲五章，即是五篇，自從唐楊倞把這篇誤解爲三章後，人多不察了。由此看當日是以此篇列入於賦了。"成相"二字的解釋也不一定，約言之，可以分爲三種：

（1）認爲以初發語名篇，或以爲成功在相，故云。——楊倞說。

（2）成相之義，非謂成功在相。相乃樂器，又古者有瞽必有相。篇首所稱"有瞽無相何伥伥"亦即此義。首句請成相，言請奏此曲也。——盧文弨說。

（3）以爲相者治也。請成相者，請言成治之方也。——王念孫說。

此三種解釋，以盧說較爲合理。《禮記·曲禮篇》上有："鄰有喪，舂不相。"鄭注以"相"字爲送杵聲。古人在勞動時候，必爲歌謳，以自解困。如舉大木時，必有哼哈之聲，其樂曲即謂之相。請成相，即請成此曲的意思。我們看社會通行的俄國 Volga 地方的《船夫曲》以及左拉（Zora）所著《小酒舖》中引用馬二哥（Margot）在洗衣所中叫唱的歌辭，統是產生於勞動時的。荀氏作詞，亦不過采用了民間的歌調罷了。再者民間的歌調是重沓復奏的。在三百篇中《鄘風》的《柏舟》、《鄭風》的《楊之水》、《唐風》的《綢繆》，都是這樣的。《成相篇》也是這樣。

這五篇的分法大概如下：

第一篇——共十三章。

第二篇——共十章。

第三篇——共十二章。

第四篇——共十一章。

第五篇——共十二章。

由上看，彼此相差不過一兩章的樣子，并無大出入。在這每章之中，也有一定的格式。每章四句，每句子之多少是一定的，并且句句有韻。其格式爲：

每章句例 { 三字句 / 三字句 / 七字句 / 十一字句 }

五篇的文意，即楊倞所謂"雜論君臣治亂之事，以自見其意"的。想爲荀氏當日不得志的憤懣之作。

賦篇的分析

荀氏的五賦，可以説是鋪采摛文、體物寫志的。按賦意來説：

《禮賦》——言禮之功用甚大，時人莫知，演其義而昭告之。

《知賦》——言君子之知的功用，以明小人之知則不然。

《雲賦》——言雲之功用足以潤萬物，人多不察，故於此明之。

《蠶賦》——言蠶之功用甚大。

《箴賦》——言其爲萬物微，而用至重，以諷當世。

五賦中有一個相同的表現法，就是采用問答體。先極力狀物，而不點題，用問語。答語亦不直接點題，用疑問的口吻，演義陳理以至於最終方落在題字上，所以全篇亦可以當作隱語看。賦篇的組織，是全用三言與四言構結成的。因爲荀氏是北方人，又距詩三百篇不遠，所以尚不脫詩三百篇的痕迹。

賦篇的用韻，問語的前段，常用隔句韻，一韻與兩韻，都不一定。答語的後段有隔句韻，有句句韻，有隔句及句句錯雜爲韻。

詩的分析

賦篇後附有詩兩首，第一首是《佹詩》。《佹詩》的意義，在開筆已陳述出來："天下不治，請陳《佹詩》。"

那麽《佹詩》之所以陳，是由於天下變亂并求其變亂之由的。

《佹詩》之後，又附一小歌，小歌和《楚辭》之"亂曰"的意思相同，把全篇的意思，重復地再述一篇。

全書的組織，正文共三十八句，多爲四言句。其中用五言句者兩句，用參差句者四句。三十八句中，除參差句每句有韻外，餘皆爲隔句韻。通篇爲同一韻字。

《佹詩》之後，又載有十二句詩詞。按《戰國策·楚策》，是詩是遺春申君的。全篇說着是非不察的憤懣之詞，完全爲失意人的製作。隔句用韻。

第二節　荀卿製作之承前啓後的關係

荀卿韻文的製作，上文已解釋出它本身的意義、字句的組織以及用韻的格律等。現在要根據這種情形，估定它與以前的文學有怎樣的關連，對以後的文學有怎樣的影響。我以爲由其本身的認識，可以看出它與前代文學和當代文學相關連者有三點，影響於後代文學者有四點。現在簡略地分述於下：

未失諷諭之義

詩三百篇中的詩篇，多少是言在此而意在彼的，諷諭當政者的，所以後人説詩有諷諭之義。就是比興之體，也是爲此而得名。劉勰《文心雕龍·比興》篇云：

比者附也；興者起也。附理者切類以指事，起情者依微以擬議；起情故興體以立，附理故比例以生；比則畜憤以斥言，興則環譬以記諷。蓋隨時之義不一，故詩人之志有二也。

由此看比興二字本身，就含有諷諭之義。要是相信《詩序》所指定之作者（當然不足信），那些詩篇即完全是諷諭之作了。

後來《離騷》之産生，亦含有諷諭之義，劉勰《文心雕龍·辨騷》篇云：

譏桀紂之猖披，傷羿澆之顛隕，規諷之指也；虬龍以喻君子，雲蜺以譬讒邪，比興之義也；每一顧而掩涕，嘆君門之九重，忠怨之辭也。

所以《離騷》自來稱爲軒翥詩人之後，它與詩三百篇有着同一之旨的。"楚國諷怨，則《離騷》爲刺"是劉勰於《明詩》篇又重言之的。

荀氏生長於北方，又曾到過楚國。所以詩三百篇與《離騷》等作品，他都親受其影響的；又加以遭遇之不幸，所以詩騷中諷諭之義，仍然保存在《成相篇》、《佹詩》之上，與後代純然寫物與言情者有別。

以四言爲主

荀氏的《賦篇》與《佹詩》，統是以四言句爲主的。《成相篇》雖爲雜言組成，仍未脫四言之舊痕，所以荀氏可以稱爲一個四言詩的作者。原來詩三百篇以四言爲主。到屈原時代，雖《離騷》、《悲回風》等篇爲雜言組成，而《天問》、《懷沙》、《橘頌》等篇，仍爲四言體，可知屈氏亦未全脫離四言的勢力。晚生於屈氏三十年的荀氏當然要以四言爲主了。

以隔句韻爲主

荀氏的賦篇，每篇的前段都用的是隔句韻，《佹詩》除參差句外，亦皆爲隔句韻，《佹詩》之後的賦詩，亦爲隔句韻。可見荀氏是以隔句韻爲主了（《成相篇》爲句句韻）。

詩三百篇之韻例，是非常復雜的。其研究詩三百篇用韻的，已見於上。有首句次句全用韻，以下則句句不用韻，有一起即隔句用韻，有自首至尾句句用韻，又有兩句一換韻，三句一換韻，首尾換韻等。荀氏之隔句用韻例即是沿用詩三百篇的舊例了。三百篇之隔句韻，如《陳風》之《隰有萇楚》是。再屈氏之《離騷》等作，亦爲隔句用韻。至於《成相篇》之句句韻，《小雅》之《車攻》即其前例。

此節應注意的，是三百篇韻例甚多，迨屈、荀以後，漸以隔句韻爲主了。而句句韻亦常爲後人所沿用。

以上三者是荀氏韻文與前代文學及當代文學所緊密關連者。

《成相篇》與漢代樂府詩

《成相篇》，盧文弨以爲"審此篇音節，即後世彈詞之祖"。今按其章句之組織，頗有類於漢之樂府詩。樂府詩是長短句自由配合，有句句韻，有不定句韻。如《饒歌》中之"戰城南，死郭北,野死不葬烏可食"(《戰城南》),"君馬黃,臣馬蒼,二馬同逐臣馬良"(《君馬黃》)等,都與《成相篇》之組織相同。又有《郊祀歌》之章法,亦似受着《成相篇》的影響,所以說漢樂府詩之組成,除受塞外歌曲之影響外,還受《成相篇》之影響。

四言詩首不入樂

樂爲詩聲,詩爲樂心,詩樂原來是合而不分的。詩樂之分,有人疑在漢魏之間,實則荀氏之詩,似已脱離了樂之領域。詩三百篇皆經孔子自衛返魯之後正以入樂。《楚辭》之歌唱,南北朝時候還有一個和尚道騫會其唱法(見上)。唯是《佹詩》等似僅爲言志之作,已不能入樂了。

開賦篇及説理賦之先

賦原來是詩之一體,上文業已提及。屈原雖有騷賦之作,但無賦的名號(《漢書·藝文志》雖稱屈原賦二十五篇,然屈子原書,末有賦稱),迨荀卿始以賦名篇。所以劉勰《文心雕龍·詮賦》云:"荀況《禮》智,宋玉《風》鈞,爰錫名號,與詩畫境。"

《離騷》等是本詩意爲騷,尚有古詩遺意;迨荀卿之賦篇,已與詩異趣,畫境而獨立。

《漢書·藝文志》把賦析爲四類,以荀卿以下二十五家爲一類。劉師培《論文雜記》,以爲"分集"之賦有三類:寫懷、騁詞與闡理。闡理之賦,以荀卿爲首。闡理之賦,即是分析事物,以形容其精微的。後代以物賦篇,如《洞簫》、《江賦》、《海賦》之類,全屬於荀卿闡理賦的。

問答體之創始

荀氏賦篇之問答體，原由於隱語之性質而發，在文體中算是獨創一種。屈原底《卜居》雖也是問答，但《卜居》是後人雜抄本傳而成，觀其開端稱"屈原既放"便可考知。宋玉的《答楚王問》也是問答體，不過宋玉是稍後於荀氏的。所以漢以後東方朔《答客難》、揚雄《解嘲》、班固《答賓戲》等，都是由於賦篇而學來的體裁。

以上四點，為荀氏韻文影響於後代文壇的。

第三節　小說雛形之產生

在諸子文中去探索文學史料，驟看起來，若有所附會，實際則并不勉強。先秦時代，文學哲學史學的觀念尚未成立，文籍之產生，多半由於應用。諸子在當日都是思想家，他們為了闡發學說，宣傳主義，於是自己寫出或弟子錄出不少的文章，就是現在的諸子文集。更因為使人信從他們的學說主義起見，說理要力求顯豁，要采用文學的表現法。神奇的傳說，趣味的故事，美妙的譬喻，這種種的材料，都可以劃歸為文學史所有的。所以下邊我們要說的，有寓言，有喻詞，有神話。

寓言

寓言這兩個字，在中國古書上考察起來，以莊子《寓言》篇的寓言為最初發現。寓言是寄寓之言，就是造出一件故事，寄托一種意義的。寓言在中國并不發達,不像西洋已經成爲一種獨立的體裁了。它和小説的分別很難,都是有結構地創造出一件故事來。故事的表現,都規定一個中心,小説的表現尚含蓄,寓言的本身就是含蓄,所以寓言儘可稱爲小説,小説多半可稱爲寓言。

拿《孟子·離婁》篇"齊人有一妻一妾"章來説,他的中心點是表現齊人之明則驕人,暗則乞憐。孟子原意是罵當日之求富貴者,雖然白日可以驕示於人,實則都是昏夜乞哀而求得的,没有不貽其妻妾之羞泣的。此篇結構之最高點,在"良人施施從外來,驕其妻妾"一句上。妻妾正以此爲羞泣,齊人正以此而相驕。惟其如此,方能表現得有力。"未嘗有顯者來",在全篇結構上亦很重要。没有這一句,全篇故事都引不起來。因爲"未嘗有顯者來",妻始欲"窺其良人之所之",然後乃知其饜足之道。不論在取材上、描寫上來講,都可以稱爲一篇完整的小説。

再如莊子《徐無鬼》的"郢人斫堊",是表現士爲知己者用的。内中"運斤成風"一句,寫得是如何生動,而結局却在失望中。

又如《尹文子·大道上》的"黄氏二女",表現一般人的向聲背實,表現得如何有力!

又如《吕氏春秋·淫辭篇》上的"亡緇衣者",表現利己者的心情,只知有我,不知有人,語意頗爲幽默。

他如《吕氏春秋·去宥篇》上的"奪金於市",《疑似篇》上的"殺子之父",《韓非子·外儲説》上的《禱福》等,都有極佳之情趣與結構的。

喻詞

　　喻詞就是譬喻之辭。古人談話論道時候，往往拿事物或人事來作譬，以足成他要説的意義。這一類的喻詞，在稱爲徐元太所撰之《喻林》一書上，輯收不少，可惜目下找不到此書，未能引用。喻詞大別之可分爲二類，事物的與人事的。如《論語》上的"朽木不可雕也"，《禮記》上的"玉不琢不成器"等，都是事物的，現在要注重是人事的。

　　關於人事的喻詞，也是一種有目的的故事。它同寓言的分别，在於缺乏結構。內容變化不多，僅達到某種形容目的而止。這類喻詞，在小説上之重要性，是可以作爲部分的意義與表現的。今爲略舉如下：

　　（1）刻舟求劍——見《吕氏春秋·察今》；
　　（2）毀新如故——見《韓非子·外儲説》；
　　（3）守株待兔——見《韓非子·五蠹》；
　　（4）宋人酤酒——見《晏子春秋》卷三；
　　（5）矛盾——見《韓非子·難勢》；
　　（6）嗜臭——見《吕氏春秋·遇合》。

　　諸子文中，如此類者甚多。且時時出以幽默之筆，更足以增加文學的意味。

神話

　　一個民族的原始生活，往往產生出荒唐、怪誕、奇異的傳説，這些傳説，後人名之曰神話。因爲當日人民智識淺薄，常驚異於自然的現象中。由彼此好奇心的連鎖，漸漸孵化爲神話傳説。這些無目的的神話傳説，即是中古時期神話小説直

第五章 荀卿製作之解剖并小說雛形之產生

接的淵源。

現在考查最古最確實的神話傳說,要屬《商頌》的《玄鳥》、《大雅》的《生民》。或者當日神話也不少,所以《論語》上有"子不語怪力亂神"的記載。現在諸子文中還保存的有:

（1）鯤與鵬——《莊子·逍遥游》；
（2）列子——《莊子·逍遥游》；
（3）神人——《莊子·逍遥游》
（4）雲搏——《莊子·在宥》；
（5）穆天子會西王母——《列子·周穆王》；
（6）女媧補天——《列子·湯問》；
（7）夸父追日——《列子·湯問》。

如此片斷的神話甚多。《楚辭》中亦有山神水神以及其他自然之神。這些傳說,都足以增長文學者豐富之想象的。後代製出的《神異經》、《漢武故事》等,都顯明地受着神仙傳說之影響的。

以上寓言、喻詞、神話三者,大部分都是從民間來的傳說,小部分乃是諸子創造的。我的理由,是寓言、喻詞中十之六七皆以愚人做主角,且愚人之中,以宋人為尤多。那就和現在民間傳說的愚人故事,我們在說理講道時候,常常引用一樣。

把神話看做小說之淵源的,最早是1920年日本青木正兒作過一篇文章。魯迅1923年出版之《中國小說史略》亦襲用此說。可惜他們都未提到寓言與喻詞。

本章參考書：

（1）張長弓：《荀卿的韻文》,《嶺南學報》三卷二期。
（2）張長弓：《中國上古小說之雛形》,《文藝月報》一卷三期。

第六章 漢之辭賦

第一節 漢賦產生之背景

騷賦與辭賦

　　賦這種東西,是由六義之一的賦體發展而來的。班固所謂"古詩之流",劉勰所謂"六藝附庸,蔚成大國",都是闡發這種意義的。由賦之歷史來看,最初的時候,可以稱爲"短賦時期",這是一種不韻的小詩。當時詩與音樂有密切的關係,這種短賦却不然,如《左傳》鄭莊公與武姜的賦辭,又士蒍的賦辭,都是不可以入樂的。稍後就是屈宋的騷賦之作。騷賦本來是好色而不淫,怨誹而不亂的。《漢書‧藝文志》上云:

　　春秋之後……大儒孫卿,及楚臣屈原,離讒憂國,皆作賦以風,咸有惻隱古詩之意。

　　這是說騷賦承前的關係,理論的正確與否(可參閱第四章)暫且不管,我們要說的是它的啓後。劉勰《文心雕龍‧詮賦》云:

賦也者，受命於詩人，拓宇於《楚辭》。

又陳繹會《詩譜》云：

屈平後出，本詩意爲騷，蓋兼六義而賦之意居多。

這都可以見到辭賦之前身是騷賦的。賦到辭賦，是黄金時代，作家風飆雲起，摹寫聲貌競爲侈麗，騷賦時代的風諭之義，已完全失没了。所以説：

詩人之賦麗以則，辭人之賦麗以淫。

君主的崇尚

歷史上的公例，上有好者，下必有甚焉者。君主如崇尚某一種文藝，某種文藝必然會發達的。漢代辭賦的發達，就是這種原因。

武帝是愛好辭賦的，常讀司馬相如《子虛賦》，恨不與同時。又曾以安車蒲輪徵枚乘，束帛加璧徵魯申公，召朱買臣，説《春秋》言《楚辭》。他自己也有《自造賦》二篇，見錄於《漢書‧藝文志》。

又考吳均《西京雜記》云：

梁孝王游於亡憂之館，集諸游士，各使爲賦。路喬如爲《鶴賦》……鄒陽爲《酒賦》……公孫乘爲《月賦》，羊勝爲《屏風賦》，韓安國作《几賦》不成，鄒陽代作。（賦見《古文苑》中）

像這一種侯王提倡，諸文士從游的風氣，真是鬱鬱乎文哉的時代。

此外淮南王也是愛文好客的。《漢書‧藝文志》錄淮南王羣臣賦有四十四篇之多。《楚辭》中還保存淮南王一篇《招隱士》呢。

由此可知漢代辭賦之盛，君王提倡，實是一個重大的原因。

辭賦與小學

在漢代小學之研究，幾乎是一種風氣。辭賦之家，往往也通小學，如司馬相如《凡將篇》，揚雄《訓纂篇》，都是關於文字學的著述。他們在認識奇字之餘又多作爲辭賦。劉勰《文心雕龍·練字》曰：

"……揚雄以奇字纂訓，并貫練雅頌，總閱音義，鴻筆之徒，莫不洞曉。且多賦京苑，假借形聲。"就是說着這種道理。本來我國文字，衍形的與圖畫差不多少，構造出來的形式，特別美觀。賦者鋪也，鋪陳揚厲也。所以在辭賦宏麗之作，即利用此美麗的字形以組成之。司馬相如《上林賦》凡是叙山的，皆冠以山字，叙魚鳥者，皆含以魚鳥之偏旁，看起來如同畫圖一般。所以說漢代辭賦之興盛與小學也有重要之關係。

第二節　漢賦之內容與影響

兩大流派

《漢書·藝文志》上，把賦析爲四類：
(1) 屈原以下二十家爲一類；
(2) 陸賈以下二十一家爲一類；
(3) 客主賦以下十二家爲一類；
(4) 荀卿以下二十五家爲一類。

劉師培以爲這種分法不很具體，又提出三類分法：

（1）寫懷之賦——這是所謂言深思遠，以達一己之中情的；

（2）騁辭之賦——這是所謂縱筆所如，以才藻擅長的；

（3）闡理之賦——這是所謂分析事物，以形容其精微的。

這是總論賦篇來分類的，漢代的辭賦，可以歸之於哪一類呢？我以爲可以作爲兩種看：

（一）寫懷類

這一類是宗屈宋的，以立意爲宗，不以能文爲本，如賈誼底《吊屈原賦》，表露出憤怨之懷，《鵬鳥賦》充滿了失望之情。

淮南王賓客小山所作之《招隱士》，亦爲感傷屈原而作。又如司馬相如的《大人賦》與稱爲屈原之《卜居》相類，枚乘的《七發》與《招魂》又極似。他如東方朔的《七諫》、劉向的《九歎》、揚雄的《反離騷》、班固的《幽通》、張衡的《思玄》、王逸的《九思》等，都是有意宣達情懷的。

（二）騁辭類

騁辭的賦作，是以夸大爲主，鋪張爲事的。這一類與縱橫家之習氣相同。如司馬相如的《上林賦》、揚雄的《羽獵賦》等，都是侈麗鋪張以辭見售，又如班固的《兩都賦》，張衡的《二京賦》、《南都賦》等，與張、蘇縱橫六國時侈陳形勢之意略似。我們舉《南都賦》作一個例子，它裏面有列舉山、水、竹、川、瀆、蟲、鳥等的一段，你看了後，如進到植物園與動物園中一樣了，他的排列法是這樣：

其山，則下邊約有二十個用山配成的字。

其木，則下邊約有二十餘用木配成的字。

其鳥，則下邊約有二十餘用鳥配成的字。

像這一類的情形,哪裏是作品,簡直可以當做字典用,所以有人譏漢賦爲字書呢。

駢文與漢賦

"駢"字是駕兩馬,是比并的意思。駢文是唐以後才有的名稱,因唐代認各種散體爲古文,所以晋宋以來,整行體的文字統名之曰駢文。駢文本來是南北朝盛行的文體,但其醞釀却在漢魏之間。因爲漢賦的内容是:

合纂組以成文,列錦繡而爲質,一經一緯,一宫一商,此賦之迹也。(見吳均《西京雜記》)

這種一經一緯,一宫一商,皆是偏於形式之整飭的。魏晋以後的駢儷文辭,當然醞釀於這個時期。故劉勰《文心雕龍·麗辭》云:

詩人偶筆,大夫聯辭,奇偶適變,不勞經營。自楊馬張蔡,崇尚麗辭,如宋畫吳冶,刻形鏤法,麗句與深采并流,偶意共逸韻俱發。……

又孫梅《四六叢話後序》云:

自夫賈生枚叔并轡漢初,相如子雲聯驥西蜀;中興以後,文雅尤多,孟堅季長之倫,平子敬通之輩,總兩京文賦諸家,莫不洞穴經史,鑽研六書,耀采騰文,駢音儷字。

這些都是理論,假如我們翻出司馬相如的《喻巴蜀檄》、揚雄的《解嘲》以及班固、馮衍之作品,都足以證明的。

本章參考書:

(1)(南朝梁)昭明太子:《文選·賦篇》,乾隆年重刊汲古閣本。

(2)劉師培:《論文雜記》,樸社校印本。

（3）郭紹虞:《賦在中國文學史上的位置》,《中國文學研究》。

（4）（清）張世禄:《中國文藝變遷論》十六、十七、十八、十九章,商務印書館。

（5）（南北朝）劉勰:《文心雕龍》,道光年廣州署刻本。

第七章　漢之樂府詩

第一節　樂府詩之產生及其時代

　　論者輒謂騷些一變而爲樂府詩，余以爲樂府詩多由三百篇中來。元李孝先云："《郊祀》若頌，《鐃歌》、《鼓吹》若雅，《琴曲》雜詩若《國風》。"（胡應麟《詩藪》卷一引）如郊祀歌中多用實字，所謂愈實愈典，與頌語的多典實完全相同。

　　若謂樂府詩長短句體出自《離騷》，實亦不然，蓋三百篇四言詩雖爲正體，而雜言（長短句）的體式亦不在少數。《周南》的《螽斯》、召南的《行露》、鄘風的《桑中》，所在多有。所以樂府詩的雜言，決不是簡單的源於《楚騷》。而受影響最大的，恐還是塞外歌曲的輸入。（日本鈴木虎雄有《漢武帝樂府與塞外歌曲》一文。）

　　漢初的醞釀

　　至於樂府詩產生時代亦可分爲三個時期來看。

　　漢初，秦之樂官制氏，定所有漢初之禮樂。不久，叔孫通等亦被召出,制氏司雅樂,叔孫通制宗廟之樂。高祖時代之舞樂,大抵因秦之舊制。唐山夫人又作《房中祠樂》十七章。不過樂府的名稱,全然沒有,《漢書·高祖本紀》云:

　　高祖還過沛,留置酒沛宮,悉召故人父老子弟縱酒,發沛中兒得百二十人,教之歌,酒酣,高祖自擊築,自為歌。歌曰:
　　大風起兮雲飛揚,
　　威加海內兮歸故鄉。
　　安得猛士兮守四方?
　　令兒皆和習之。高祖乃起舞,慷慨傷懷,泣數行下。……孝惠五年,思高祖,在沛祭於高祖之廟。高祖所教兒百二十人皆令為吹樂,後有缺,輒補之。

這可以說是樂府詩之最初篇什。

　　樂府之名,始於惠帝二年,使夏侯官為樂府令。其制度未詳,大概是保管《房中祠樂》、《昭容樂》、《禮容樂》、《宗廟樂》一類的東西。

　　這個時代的樂歌,大半是貴族的樂歌,在文學史上的價值,不過是一些點綴品罷了。

武帝的采輯

　　武帝時,漢興七十餘年,國勢富強,家給人足(見《史記·平準書》,以武力開拓四方。張騫建方三年使西域,元鼎二年與西域三十六國交通。武帝後欲夸示其功業,於是始立后土之祠於汾陰之睢上。

　　在周代原有太乙之祭。明堂之配祭,亦始於周代。楚之祭神由於《楚辭》之《九歌》可以看出。秦始皇之封泰山等,皆足以看出漢以前祭禮之典迹,入漢以後,繼其制。故迄武帝

時,遂有樂府之設立。《漢書·禮樂志》云:

　　至武帝定郊祀之禮,祀太乙於甘泉,就乾位也。祭后土於汾陰澤中方丘也,用立樂府。

　　又云:

　　采詩夜誦,有趙代秦楚之謳,以李延年爲協律都尉。多舉司馬相如等數十人造爲詩賦,略論律呂,以合八音之調。

　　樂府於是成立了。大規模地收輯趙代秦楚之謳,收輯的方法雖不得知,要之和周代輯成的三百篇,頗有相似之點。樂府詩重要的也就在這當代民歌的收輯。據《漢書·藝文志》所載有:楚汝南歌詩十五篇;燕代謳,雁門、雲中、隴西歌詩九篇;邯鄲、河間歌詩四篇;齊鄭歌詩四篇;淮南歌詩四篇……

武帝之後

　　這樂府繼續了百年左右。到哀帝時候,詔罷樂官,其不可罷者,則別屬他官。然見存樂府詩,哀帝以後之作品,實不在少數。光武時之《雲翹舞》、《育命舞》,明帝時東王、憲王之《大武舞》,章帝元和三年,又製有《燕射歌》皆是。

　　東漢以後,樂府之官恢復與否,不見史籍,然以明帝"詔改大樂官曰大予樂"測之,則樂府并没有中絶。見存的"相和"及"清商"中,大都是東漢的作品。武帝收集雖多,然皆因年久而失傳,故東漢各帝保存民歌的功勞,我們是不該湮没的。

第二節　樂府詩之內容概說

前人給樂府詩的分類，大半用郭茂倩底《樂府詩集》上的分法。據郭氏的分法，漢代有：(1)郊廟歌辭；(2)鼓吹曲辭；(3)橫吹曲；(4)相和歌辭；(5)舞曲歌辭；(6)集曲歌辭等六類。近年出版的《中國詩史》根據梁任公先生的意見，重新整理爲八類：

(1)郊廟歌　(2)燕射歌　(3)舞曲　(4)鼓吹曲
(5)橫吹曲　(6)相和曲　(7)清商曲　(8)雜曲

這裏應注意的是清商脫離了相和歌而獨立的一個問題。

清商的獨立

原來《唐書·樂志》曰：

平調、清調、瑟調皆周《房中曲》。漢世謂之三調。又有楚調、側調。楚調者漢房中樂也。高帝樂楚聲，故房中樂皆楚聲也。側調生於楚調，與前之三調，總謂之相和。

以此看來，清調實包含在相和之中。《詩史》引梁氏未發表之文稿曰：

樵有大錯誤者一點，在把清商與相和混爲一變。故於相和歌三十曲以外，復列相和平調、清調、瑟調楚調四種，而清商則僅列七曲，附三十三曲，皆南朝新歌。若漢魏只有相和別無清商者。殊不知惟清商爲有清、平、瑟三調，而相和則未聞有之。凡樵據王僧虔《伎錄》所錄五十一曲，皆清商也。《宋書·

樂志》云：相和，漢舊曲也。絲竹更相和，執節者歌。本十七曲。朱生、宋識、列和等合之爲十三曲。此十三曲，《宋志》全錄。……至於清商，則杜佑《通典》云：'清商三調，并漢氏以來舊曲。歌章古調，與魏三祖所作者，皆備於史籍。'佑所謂史籍，即指《宋志》也。《宋志》錄完相和十三曲之後，另一行云：'清商三調歌詩，荀勗撰舊詞施用者。'此下即分列平調六曲，清調六曲，瑟調八曲，則此三調皆屬於清商甚明。……而鄭樵讀《宋志》時，似將清商三調荀勗撰一行滑眼漏掉，漫然把《宋志》卷二十一所錄諸歌，全部歸入相和，造出'相和平調'等名目。於是本來僅有十三曲的相和無端增出幾十曲來；本來有幾十曲的清商，除吳聲七曲外，漢魏歌辭一首都沒有！樵亦自知不可通，於是復曲爲之説，謂'漢所謂清商者，但尚其音耳，晋宋間始尚辭；觀吳兢所纂七曲，皆晋宋間曲也'。殊不知清商三調，本惟其音，不惟其辭。……鄭樵説漢但尚音，實則晋宋何嘗不是尚音？他説晋宋尚辭，實則晋宋間辭倒逐漸散亡了。……大抵替清商割地，始自吳兢，而鄭樵、郭茂倩沿其誤。今據王僧虔、沈約所記載，復還其舊，又《宋志》於三調之外，復有所謂大曲及楚調；其性質如何，雖難確考，既王僧虔以類相次，則宜并屬清商。

這實則把清商調取出來脱離了相和。所謂平調、清調、楚調及大曲皆歸於清商了。

這樣的把清商提出來與相和并列，似明代胡應麟已有這樣的意思。《詩藪》卷一云："今欲擬樂府，當先辨其時代，覈其體裁，郊祀不可爲鐃歌，鐃歌不可爲相和，相和不可爲清商……"胡氏把相和與清商相比，自然是認爲兩個題目了。可惜胡氏未加解釋。

第七章　漢之樂府詩

內容釋略

郊廟歌和《周頌》相同，是拿來祭祀用的。祭祀祖先的曰廟，祭祀祖先以外諸神的叫郊。如《房中祠樂》，便是高祖時代祭祖先歌之一種。武帝時司馬相如等所作之十九章，即是爲祭祖先以外諸神的《郊祀歌》。

《燕射歌辭》是全亡了。據《樂府詩集》有親四方之賓的《燕享樂》，有親故舊朋友的《大射樂》，有親宗族兄弟的《食舉樂》，共分三類。唯《食舉樂》之篇目，尚可考見。

舞曲所存歌辭亦少，要皆爲貴族樂府，於文學史上并無特殊之價值的。

鼓吹、橫吹都是塞外的歌調。《鐃歌》十八曲即鼓吹曲之篇章。後來把鼓吹分爲兩種，有簫笳的爲鼓吹，於朝會道路用之；有鼓角的爲橫吹，於軍中馬上用之（見《晉書·樂志》）。唯歌辭無存。

相和歌、清商曲，是漢代樂府的基本部分。假如樂府詩中沒有了相和與清商，那算是減色完了。相和是絲竹更相和，執節者歌（《宋志》）。清商呢，自然其調是以商爲主的（《魏志》），文帝《燕歌行》所謂"援琴鳴弦發清商，短歌微吟不能長"是也。雜曲是以上七種未提及的篇目，如馬援《武溪行》、辛延年《羽林郎》等是。

清商相和歌辭

以上八類中之清商相和歌辭，是最重要的兩類。説了它，其余的便可省略了。它的内容可以説有：

1. 社會的。如《上留田》是表示貧富不均之社會的，《東門行》是表現窮困人之生活的。

2. 戰亂的。如《從軍行》、《飲馬長城窟》等是中國最有名的非戰文學。

3. 情愛的。如《陌上桑》、《白頭吟》、《艷歌行》之類。

4. 道德的。如《猛虎行》、《君子行》之類。

此外表現頹廢的思想與描寫歷史的事實，也是很多的。總之可以説内容是多方面的，是充實的。而句法之自由，語調之自然，都不失民間文學的特色。

再者，按表現的性質來説，内中很多敍事詩，如《孤兒行》、《陌上桑》等，對於後代影響亦甚大。《悲憤詩》、《秦女休行》以及《爲焦仲卿妻作》、《木蘭詩》等敍事詩等都受其影響的。

本章參考書：

(1)（宋）郭茂倩：《樂府詩集》，四部叢刊本。

(2)（漢）班固：《漢書・禮樂志》，開明《二十五史》本。

(3) 陸侃如：《中國詩史》，開明書店。

(4) 徐嘉瑞：《中古文學概論》，亞東圖書館。

(5)（明）胡應麟：《詩藪》，開明書店。

(6) 張長弓：《古詩論述》，未刊。

(7) 羅根澤：《樂府文學史》，文化學社。

第八章　東漢魏晉間之詩作

第一節　五言詩之興起

散見於西漢

關於五言詩興起這一個問題，中日人士很有一些來討論，用各種方法去證明五言詩的興起不在西漢，而在於東漢以後。前人也曾有把五言詩的踪迹拉在先秦去，甚至於遠溯於《南風》之詩與《五子之歌》。我以爲這都是一些傅會，或者是偶爾出一兩個五言詩句，或者是類似五言句子，把它們硬推爲五言詩的先祖，都不免失於勉强。現在我們應該由西漢去尋初步的五言詩。

初步的五言詩，當然不會那樣純粹，不過已具了五言詩的雛形罷了。譬如漢初戚夫人的《春歌》(《漢書·呂後傳》)，除掉前兩句是"子爲主，母爲虜"爲三言外，其餘的四句全爲五言。稍後一點的李延年歌(《漢書·李夫人傳》)，全篇爲六句，前四句及末一句皆爲五言，唯第五句是"寧不如傾城與傾國"

作八言。這統可以看到漢武帝以前之詩句,尚未臻於完整的五言。到武帝以後,才漸漸進而爲整齊。譬如《黃爵謠》(《漢書·五行志》)就是一篇完整的六句五言詩。又有一首《尹賞歌》(《漢書·尹賞傳》),簡直進而爲四句五言詩了。五言詩於是乎成立。

東漢的創作

至於樂府辭中,也可以發現五言詩,我以爲那是後期的東西。五言詩在民歌中既然發現了,久而久之自然要影響於一般作家。作家來嘗試這種體裁的,以應亨的《贈四王冠詩》爲最早。《古詩所》於詩題注云:"永平四年,外弟王景系兄弟并冠,故貽之。"由此可考知應氏是明帝時候的人。其詩爲五言八句。

次一點是班固歌咏孝女緹縈的事的那一篇五言十六句的詩,名曰《咏史詩》。

應氏與班氏的五言詩,都是詞質古樸,不失東漢那種渾厚之氣。

與班氏同時的傅毅,他是一個詞人,據其本傳言,他關於詩賦一類的著作凡二十篇,現在《文選》中還存着《舞賦》一篇,此外《古詩十九首》中《冉冉孤生竹》一篇,劉勰《文心雕龍》亦指爲傅氏的作品。這一篇的音調詞藻都比《咏史詩》進步,大概詞筆與史筆不同之故吧。

此外張衡底《同聲歌》、蔡邕底《翠鳥詩》、秦嘉底《贈婦詩》,都爲五言詩的創作,可見五言詩是興起了。

魏代的興盛

魏代在文學上是一個了不得的時期，五言詩在這時候已臻於完全發展的時期。所以王定安增輯之《三十家詩鈔》，以子建爲始。當日文學之所以發達，自不外君主侯王的提倡。漢靈帝愛好俳詞於前，魏武帝父子提倡文風於後，臣下之士哪能不望風而馳。鐘嶸《詩品序》云：

降及建安，曹公父子，篤好斯文，平原兄弟，鬱爲文棟，劉楨、王粲爲其羽翼，次有攀龍附鳳，自致於屬車者，蓋將百計。彬彬之盛，大備於時矣。

由此可以看出文風之盛，并不是無因，完全是在上者提倡之所致的。

咏懷的作者

當日有所謂建安七子的，據曹丕底《典論》，七子中有孔融無曹植；陳壽的《三國志》則以爲有曹植無孔融。在文壇上的位置說，應以《三國志》爲是。現在我們先就曹植來說一說。

（1）曹植

曹植是生在文學空氣濃厚的家庭裏，他的父親老曹，往往於戰爭之暇，橫槊賦詩，作風悲壯剛勁。乃兄幼小時候即伴着一班文人討論咏寫，所以亦能作出風調閒雅的篇什。因之植在十餘歲時候，便可以下筆成章。再加諸當代文人的羽翼其側，他很容易成一個著作者，那是理想中事。

在政治方面，曹植可以說是一個不得志者。他本想"建永世之業，流金石之功"的，不幸乃兄不肯重用，懷才莫試，以致鬱鬱而死。這樣遭遇困阨的人，正適宜於文學方面的發展。

他見白鶴，見鸚鵡，都要發出一種哀咏，那是自然的情懷之所致的。此外如自傷的《三良詩》、憂讒畏譏的《矯志詩》、負才不用的《薤露行》、陳古諷今的《怨歌行》、積誠悟主的《精微篇》等，都是有所爲而咏懷的。

五言詩第一個大作者，要屬於曹植，前人批評他的很多，如《詩品》的批評是："骨氣奇高，詞采華茂，情兼雅怨，體被文質。粲溢今古，卓爾不羣。"又劉勰《文心雕龍・才略》云："子建思捷而才俊，詩麗而表逸。"又王通《文中子・事君篇》云："君子哉，思王也。其文深以典。"

總之曹植的詩，思深旨遠，言短意長的，因爲他是咏懷，所以用筆多含蓄委婉，非一般叙事之作所可比的。他也很注意詞藻，在《前錄序》上有"君子之作也，質素也若秋蓬，摛藻也若春葩"的句子，"春葩"二字便是他修辭的標準了。他又工於發端，如"驚風飄白日"，"明月照高樓"，"高臺多悲風"等，都是一起高唱入雲，如野馬行空一般。原來他的天才過人，筆調豪放，謝靈運稱他才占八斗，也不是過於恭維的話。

（2）阮籍

稍後於曹植的大詩人，那便是阮籍了。阮氏生的時代不良，正當司馬氏要篡奪天下的時候。他本與魏有宗親，眼看着國事日非，而無可奈何，自然要牢騷滿腹，寄之於詩篇了。有《咏懷詩》八十三首，爲千古捉摸不住之大作品。鍾嶸《詩品》評云：

言在耳目之內，情在八荒之外。……厥旨淵放，歸趣難求。

又沈德潛《說詩晬語》云：

阮公《咏懷》，反覆零亂，興寄無端。讀者莫求歸趣，遭阮公之時,自有阮公之詩也。

因爲他的志在刺譏,所以文多隱避,後人多不明其本意的。

他在詩園中的貢獻,是開拓了取材的範圍。他本來是老莊的信徒,所以神仙傳說的材料,開始爲詩人采用了。

除以上二人外,曹操、嵇康之四言詩,王粲、劉楨的五言詩等,都有足以稱說的,在這裏要從略了。

第二節　古詩十九首之時代與作品

古詩十九首在漢魏間是一部分重要的作品。近年來很有些學者來討論它身世的問題,本來千餘年來對於它的作者總是一種懸案。現在無疑義地把它認作漢魏之間失去作者姓名的作品。

十九首的時代

昭明太子《文選》上最初揭載出古詩十九首來,他的意思是指派爲漢詩的。迨稍後的《玉臺新詠》把十九首詩中"青青河畔草"以下八首,題了枚乘的名字,又給枚乘題了一篇《雜詩》"蘭若生春陽"。"驅車上東門"一首,題作《樂府雜曲》,"冉冉孤生竹"以下四首作爲古詩。自此以後,糾紛大起。劉勰以爲"古詩佳麗或稱枚叔,其《孤竹》一篇,則傅毅之詞。"劉勰在《玉臺新詠》編者徐陵之前,他僅僅說"或稱",這是疑而未定之辭。所以到唐代李善注《文選》時,仍然說:"五言,并云古詩,蓋不知作者，或云枚乘，疑不能明也。詩云：'驅車上東門'，又云：'游戲宛與洛'，此則辭兼東都，非盡是乘明矣。"李氏之稱或云，當係指徐陵而言，他懷疑那些著錄爲枚乘的作品。自此以後，關於這個問題屢有討論，我們也不必多說了。

失名作者臆測

古詩十九首我們認爲是失名的作者，《玉臺新咏》中的古詩八首（內四首相重）以及所謂蘇李之詩者，可以放在失名的作者之中，大概在梁陳間。這種失去作者姓名的古詩，有四十餘首之多。原來的數目，當更多。我們看一看選集就可以知道。

1. 謝靈運《詩集》五十卷，張敷、袁叔之補謝靈運《詩集》百卷。又《詩集鈔》十卷，《詩英》九卷。

2. 張永之《樂府歌詩》十二卷。

3. 失名《古詩集》九卷。

4. 荀綽《古今五言詩美文》五卷。（以上見《隋書·經籍志》）

由此看來，當日的詩集是這樣多，而散失的古詩，可以想見其多了。這些作者是誰呢？鍾嶸《詩品》曰："古詩，其體源出於《國風》，陸機所擬十四首……其外《去者日以疏》四十五首……舊疑是建安中曹王所製……"在當日古詩還有四十五首之多是可以見到的。他懷疑是曹植與王粲所作。

王世貞《藝苑巵言》云：

鍾嶸言：《行行重行行》十四首……後并《去者日以疏》五言，爲十九首……意者中間雜有枚生或張衡蔡邕未可知。

王氏說雜有枚生，顯係受《玉臺新咏》的暗示。我以爲這些古詩，都是漢魏之間人的作品，不過名字不傳罷了。拿王逸來說，他的詩一篇也不傳，而《後漢書·文苑傳》稱："王逸作漢詩百二十三篇。"所謂漢詩是用於樂府而言。由此看，焉知失名的古詩，沒有王逸之作品呢。

十九首的內容

古詩十九首之內容，是表現多方面的。可大別之爲五：
(1) 表現社會的——《迴車駕言邁》、《東城高且長》等。
(2) 表現離別的——《行行重行行》、《客從遠方來》等。
(3) 表現愛情的——《涉江采芙蓉》、《迢迢牽牛星》等。
(4) 表現享樂的——《今日良宴會》、《生年不滿百》等。
(5) 表現人情的——《明月皎夜光》等。

內邊描寫社會雜亂之況、男女相思之情以及用筆之巧妙，都爲後人所稱述不置的。後代常常以人傳詩，這些作品才真是以詩傳人呢。可惜人已不傳，只好說以詩傳了。

第三節　魏晋的頹廢派

產生的背景

東漢自中平（公元 184 年）變亂以後，社會頓成不安的現象。數十萬黃巾，八州同起，人民死於槍頭馬下的不知有多少。後來董卓跋扈，關內義師起而申討。繼而又羣雄相爭，戰禍連年，鬧得人民死亡殆盡；幸而未死的，也是無衣無食，連自

己親生的子女也不能養活。這時候的經濟狀態，完全陷於崩潰了。在史書上這樣的記載，是很多的。（可參閱《魏志·杜恕傳》）

及曹操當權，他是主張在大亂之後齊之以刑的。在勅令中三番五復地申述嚴刑之意義。嚴刑本來是治國平天下的一種政略，不過曹操是奸詐猜忌之徒，在嚴刑之下，用作爲削除異己的口實。多少才學之士，無故死在老曹之手中了。（可參閱《魏志·崔琰傳》）迄晉代魏之後，君主荒淫愚昧，奸臣弄權，賢人失志。君子之流，多屛除於朝堂之外，內心之憤懣，可以想見。

當時社會生活，既使人民苦悶，而君主又復不接近良士，所以老莊思想乘時而起，一般人民既風靡了老莊思想，其思想反映於文學中，自爲不可免的事實。分析起來，可以有下列幾點：

享樂

魏晉間的人生觀，都是一種悲觀的。常常感到人生幾何，處一世不過如風吹塵朝露唏一般。在這短的時間內，又感到失望苦悶的心理，所以容易陷於享樂之途。曹植底《善哉行》"歡日尚少，戚日苦多！以何忘憂，彈箏酒歌"，十足地表現出這種思想。晉代拿陸機來說，他的《短歌行》、《駕言出北闕行》、《董逃行》、《擬今日良宴會》等，都可以看出及時行樂的思想。此外傅玄《放歌行》、潘岳《哀詩》都是這一類的歌調。又晉代雜曲歌辭中有一首《飲酒樂》，可以說是享樂派的代表。

第八章　東漢魏晉間之詩作

隱遁

大家感到人生的苦悶，於是悲觀厭世的思想產生。有些人厭世了，不問世事，自己生活自己的，消極地走到享樂方面。還有的是覺得人生的卑污與齷齪，簡直不可與同居，自己要不同人間有往來，阮瑀底《隱士》、張華底《贈摯仲洽》以及左思底《詠史》、《招隱》都是潔身自處，不願與世人同流合污，而願隱遁在山林中過其逍遙自然的生活。這是一派的詩作。

仙鄉憧憬

自隱遁的思想出發，再進一步，便是超世的仙鄉憧憬的思想了。這種思想，自然脫離不去長生不老術的氣氛。《楚辭·遠游》上的"悲世俗之迫阨兮，願輕舉而遠游，質菲薄而無因兮，焉托乘而上浮"以及"與赤松結友兮，比王喬而爲偶"等皆可認爲遠源。後來秦博士爲《仙真人詩》，曹植亦有《仙人篇》、《飛龍篇》、《五游咏》之作。至於阮籍之《詠懷》二十四、二十八、三十八、五十八、八十一等篇，嵇康之四言詩等，都是理想着與仙人攜手俱游，乘風而來，駕雲而去。下及何劭、張華、張協、陸機等，都有這種思想的詩作。這一派作品，有一個特點，是想象豐富。如陸機底《前緩聲歌》，是想象出昆崙山下的層城，一個幽靜的處所，在那裏有仙女的聚會，古代的樂聲，陶醉了所有的到會者。閉會後，羣仙紛紛乘霞而去。寫得是如何的快樂。

哲理化

老莊思想之盛行給與詩壇最不良的影響，是詩作之哲理化。前人評論者甚多，劉勰《文心雕龍・明詩》云：

　　正始明道，詩雜仙心。何晏之徒，率多浮淺。……江左篇製，溺乎玄風。嗤笑徇務之志，崇尚無機之談。

　　又鐘嶸《詩品序》亦云：

　　永嘉時，貴黃老，崇尚虛談。於時篇什，理過其辭，淡乎寡味。爰及江左，微波尚傳，孫綽、許詢、桓、庾諸公，詩皆平典似《道德論》。建安風力盡矣。

　　因爲這派哲理詩，平典似《道德論》，所以後世多不存其詩，僅於《文館詞林》殘存孫綽詩四首，尚可見其詩之一斑。真如傳道文一樣，無怪乎後人不珍視而至於喪失得快要絕篇了。

　　晋代可以說没有偉大的詩人產生。所謂三張、二陸、兩潘、一左，除潘岳與左思較爲重要外，其他皆卑卑不足道。他兩是一個深於情，一個壯於志，同時都是有天才的人。故能下筆淋灕，雄健悲壯。他如張華、劉琨、郭璞等人，雖亦有可取的作品，然對於後代詩壇都是無足輕重的人物。

第四節　詩壇上之摹擬風尚

　　摹擬之作，本爲文人的一種好奇心，久而久之，大家就視爲當然。本無話可說，而學人說話，本無文可寫，而效人寫文，文人之無聊，未有過於此者。此風起於兩漢，繼於魏晋。今略爲檢討於下：

第八章　東漢魏晉間之詩作

賦作之摹仿

揚雄是一個摹古大家，僅就賦作而言，他是摹仿司馬相如的。他并不以摹仿爲醜事，其《自叙》有云：

顧嘗好辭賦，先時蜀有司馬相如作賦，宏麗温雅，雄心壯之。每作賦常擬之以爲式。

所以我們考察揚雄之作，《甘泉賦》是摹寫《大人賦》而成，《羽獵賦》是摹寫《上林賦》而成，《長楊賦》是摹寫《難蜀父老》而成的。

再如張衡又何嘗不然。《後漢書·張衡傳》云："乃擬班固《兩都》作《二京賦》，因以諷諫，精思傅會，十年乃成。"又，張氏之《思玄賦》亦爲摹寫班氏之《幽通賦》而成。而《幽通賦》何嘗是創作的呢？乃摹寫曹大家之《東征》而成。

自從枚乘作《七發》，以下作七體者至左思竟有十七人之多。大家比賽着摹仿，結果也不過如《容齋隨筆》所謂"令人讀未終篇，往往棄之幾格"。

東方朔因爲不見用於君王，作了一篇《答客難》，於是揚雄作《解嘲》，班固作《答賓戲》，崔駰作《答旨》，張衡作《應間》，都是章模句寫，了無新意。揚雄作了《連珠》，後來便連珠一般地出來。摹擬之風，日盛一日。

樂府詩之摹仿

到魏代以後，摹擬之風已吹到詩壇上了。開始者是魏武帝，他當日模仿古樂府而咏寫當日的事實，如他的《蒿裏行》、《薤露行》之類都是。（在另一眼光看，可以説是樂府詩之轉變。）文帝有《擬上留田》、《擬善哉行》等作。（此爲用擬字之始。）他如陳思底《呼嗟篇》是擬《苦寒行》而來，《鰕䱇篇》是擬《長歌行》而來，《當來日大難》是擬《善哉行》而來。似此類是很多的。

不過這裏有一點要聲明，以上的摹仿是摹擬其意，迨晉以後的摹仿，不唯摹擬其意，并且摹寫其句了。張衡有《四愁詩》，據序云：是天下漸弊，鬱鬱不得志而作。傅玄底《擬四愁詩》說是"聊擬"而作。到張載之《擬四愁詩》，可以說"每況愈下"，都是字仿句摹，意味索然。陸機擬古詩共存十二首，《貞一齋詩話》尚病其呆板，然較張氏之《擬四愁詩》尚爲高明，《東泉詩話》譏之爲規模字句，畫虎不成反類狗也。總之，摹擬非詩人之正務也。

摹擬的影響

摹擬之風，對於後代的影響極大。元嘉年間，小家如荀昶、許瑤、鮑令暉、謝惠連等，都有不少的擬作；大家如劉休玄、謝靈運、鮑照等所擬不下一百餘首。下迨梁陳間，江文通以擬古三十首而著名。詩壇上似認這種摹擬之體爲由來的一種正宗，這是極大的錯誤。

本章參考書：

（1）丁福保編：《全漢三國晉南北朝詩》，醫學書局本。

（2）（南朝梁）昭明太子：《文選》，汲古閣重刊本。

（3）（南北朝）徐陵：《玉臺新咏》，吳兆宜原注，程際盛刪補本。

（4）張長弓：《古詩論述》第四章，未刊。

（5）徐中舒：《古詩十九首考》，《立達》第一期。

（6）鄭賓于：《中國文學流變史》第三章，北新書局。

（7）古層冰：《漢詩研究》，中華本。
（8）（日）鈴木虎雄：《對於五言詩發生時期之疑問》，《支那文學研究》。
（9）張長弓：《魏晉時代——老莊思想與當代詩壇》，《大河雜志》一輯三册。

第九章　兩漢魏晉之小說

第一節　兩漢之小說

先秦雖然已有了小說的雛形，但因爲後代不加以重視，所以從未有充分發展的機會。考"小說"二字的發現，始於莊子《外物篇》之所謂："飾小說以干縣令，其於大達亦遠矣。"又荀子亦有："故知者論道而已矣，小家珍說之所願皆衰矣"之說。他們雖沒說明甚麼是小說，大概是指的瑣碎之言，非道術之所在的。觀念之輕視小說，亦可以窺知。

小說的解釋，《漢書·藝文志》上有云：

小說家者流，蓋出於稗官，街談巷語，道聽塗說者之所造也。孔子曰："雖小道，必有可觀者焉。致遠恐泥，是以君子弗爲也。"然亦弗滅也。閭裏小智者之所及，亦使綴而不忘，如或一言可采，此亦芻蕘狂夫之議也。

如這一段話可信，我們很可以知道在先秦有一種小官，他的職務是周游民間，采取民間發生的事情，報告給政府。所以班固敘時，也以小說家列爲十家之一。這些作品到後世還有沒有呢？《漢書・藝文志》雖有著目，當然多是僞托的了。

漢志小說目

在《漢書・藝文志》上所列舉的小說有十五家，共一千三百八十五篇之多。其中可作三類看：

A. 依托古人的
   《伊尹說》二十七篇
   《鬻子說》十九篇
   《師曠》六篇
   《務成子》十一篇
   《宋子》十八篇
   《天乙》三篇
   《黃帝說》四十篇

B. 記古事的
   《周考》七十六篇
   《青史子》五十七篇

C. 明著漢人作的
   《封禪方說》十八篇（武帝時）
   《待詔臣饒心術》二十五篇（武帝時）
   《臣壽周記》七篇（項國圉人，宣帝時）
   《虞初周說》九百四十三篇（河南人，武帝時）
   《待詔臣安心未央術》一篇（依次第看，自亦漢人）

由上看，自《伊尹說》以下迄《黃帝說》的七家以及記古事的兩家，完全是彙集上代之傳說的。大半都是迂怪淺薄，出於後人之假托的。班固不著其作者時代，即含有此種意義的。《伊尹說》的原注也是："其語淺薄，似依托也。"《天乙篇》的原注是:"天乙謂湯,其言非殷時,皆依托也。"《黄帝説》原注是"迂誕依托。"是班固自己已覺得此類小説有真有僞。此種東西,我想是秦漢間人所僞作,决不像是從民間蒐集來的。所謂稗官之職與采詩之官是同樣的理想論。在著明漢人的四五種之產生,我想與道家有密切的關係。在秦漢間神話之説,甚爲流行。《封禪方説》大概由《封禪書》中演化而來,虞初本來是武帝時候的方士,其他數篇,亦可顧名思義,這可以見到漢代小説家興起的原因。

未亡篇的考察

《漢書·藝文志》上的書目,原書確已全散失了,其内容在後代還可以考察一二。現在劉向底《説苑》、《新序》及《列女傳》三部書中,恐怕還保存不少的所謂小説。因爲在劉向檢校秘書的時候,這些東西都要經過他的眼睛,因爲内容很蕪雜,他便把關於有價值的整理出這三部書。古代抄別人的書,并不是可恥的事,《史記》之抄《戰國策》,《漢書》之抄《史記》都是例子,這話雖是臆説,却有可信的成分。

此外《伊尹説》尚存數句:

箕山之東,青島之所,有盧橘夏熟。

《吕氏春秋·本味篇》述伊尹以至味説湯,亦云:"青島之所有甘櫨。"可見這是《伊尹説》之珍存了。又《鬻子説》亦可見一二:

武王率兵車以伐紂,紂虎旅百萬,陳於商郊。起自黄鳥,至於赤斧。走如疾風,聲如振霆。三軍之士,靡不失色。武王乃命太公把白旄以麾之,紂軍反走。(見《太平御覽》三〇一引)

再看《宋子》一書，《玉函山房輯佚書》內亦有輯本，《虞初》小說亦可見三兩事（見《中國小說史略》第三篇），此外便不得而知了。

第二節　魏晉的小說

魏晉是小說極盛的時代，有的已著明魏晉的人，有的是假託古人。《漢魏叢書》中有許多著明漢代人的作品都靠不住。如題作東方朔的《海内十洲記》，每逢稱"上"的時候，都作"漢武帝"，那有臣稱其君謚號的道理呢？所以這些東西，多半是出於魏晉人之手筆。著明魏晉人作的計有曹丕的《列異傳》、張華的《博物志》、王嘉的《拾遺記》、干寶的《搜神記》等。統觀魏晉間的小說，有一個顯著的特徵，是所表現的多爲超自然的鬼神志怪的。這種小說產生的原因，我以爲有下面幾點：

談天說的影響

戰國時候，本來是諸子儘量發表意見的時候，可以說出很理想的話，如鄒衍的談天就是一個例子。鄒氏以爲我們所居的中國，不過全世界八十一分之一。在《史記》上記載着：

先列中國名山、大川、通谷、禽獸、水土所殖物類所珍，因而推之及海外，人之所不能睹。……以爲儒者所謂中國者，於天下乃八十一分居其一分耳。中國名曰赤縣神州。赤縣神州内，自有九州，禹之叙九州是也，不得爲州數。中國外，如赤縣神州者九，乃所謂九州也。於是有裨海環之，人民禽獸莫能相

通者。……（《孟軻荀卿列傳》）

這一類的話，他雖是信口亂說，在現在看來，却有幾分合理呢。

由他的話，産生出神話似的小說。如《山海經》、《神異經》、《海內十州記》一類的東西。就是穆天子見西王的神話，也是由鄒衍的神話中演繹出來。這種神話，初見於《列子》，《列子》是晉人纂輯的。又有《穆天子傳》發現於晉朝，當然也是晉人僞托的。

神仙巫覡說的影響

陰陽家與道家的神仙說是中國神話中的重要分子。他的來源第一說是海外有仙山，山上有仙人居住。第二說是人修道可以成仙，不必向海外次求甚麼仙山。第一說是盛行於秦始皇、漢武帝的時候，武帝以後，大家都不多說了。第二說是起於漢初，以至魏晉間還在流行。

巫覡在中國周秦的時候已經盛行，用歌舞降神、爲人祈禱做他們的職業。到漢末這種巫風更爲盛行，所以鬼神之道也因此愈熾了。

有了以上的原因，所以葛洪的《列仙傳》、干寶的《搜神記》、張華的《博物志》都應用而出。《博物志》之內容，據《拾遺記》卷九所載："華嘗捃采天下遺逸，自書契之始，考驗神怪，及世界奇聞，閭裏所說，造《博物志》四百卷奏於武帝。"可知《博物志》是考驗神怪的。而《搜神記》之作，據說是干寶嘗感於父婢死而再生及其兄氣絕復蘇，自言見天神事，乃撰《搜神記》二十卷，以發明神道之不誣。此外在晉代又有荀氏作《靈鬼志》，陸氏作《異林》，西戎主簿戴祚作《甄異傳》，祖冲之作《述異記》，祖台之作《志怪》等，不過現在都不傳了。

佛教的影響

魏晉以後，佛教勢力漸漸大了。佛經輸入的時候，連帶着輸入了印度神話。佛教本有顯密二教的分別，大概密教重符咒，顯教重哲理。今流傳於西藏等地的是密教，流傳於中國本部的是顯教。這兩教的材料，都爲中國人所采取，不過有的說明是印度的故事，有的假托中國人的故事罷了！例如《拾遺記》有一則記着申毒國的一個人名叫尸羅的故事。申毒就是身毒，又所謂天竺，就是現在通稱的印度。這是明明記着印度僧人的故事。《搜神記》中記着天竺胡人會數術的故事，也是這一類的。有托中國故事的，如梁吳均《續齊諧記》有《陽羨書生》一則是，把人名、地名、年號都改作中國，實則是印度故事，出於《雜譬喻經》的。諸如此類，是很多很多。所以說佛教輸入中國對於小說也有大的影響的。

本章參考書：

（1）《漢魏叢書》，王謨刊本。

（2）魯迅：《中國小說史略》前六章，北新書局。

（3）胡懷琛：《中國小說研究》第二章，商務印書館。

（4）鹽谷溫：《中國文學概論·講話小說》，孫俍工譯，開明書店。

第十章　晉宋齊間的清商曲辭

第一節　曲的歷史與辭的內容

晉宋齊間的平民文學，完全保存在《清商曲辭》中，所以《清商曲辭》是有注意之必要的。現在先去探索它歷史的轉變。

曲的歷史

《清商樂》是漢魏以來的舊曲，係自周代房中樂三調演變而出的。晉馬浮渡以後，調已亡散，幸而苻秦又得之於涼地。迄宋武帝定關中，又因而流入南方。後魏孝文於舊曲之外，又得到吳歌西聲，於是總稱之爲"清商"，隋文帝平陳之後，得見"清商"，勗之爲華夏正聲，經其修改以後，特設立"清商署"以備應用，稱之曰清樂，杜佑《通典·樂典》云：

宋武平關中，因而入南，不復存於內地。隋平陳後，文帝獲之曰：此華夏正聲也。（《宋書·樂志》所載同）

原來開皇年間，設立七部樂，清樂屬於七部樂之一的。到

第十章　晉宋齊間的清商曲辭

大業年間，煬帝又定"清商"、"西涼"等樂為九部。

天下喪亂，樂曲漸漸淪缺，貞觀年間的十部樂，清樂即屬十部之一。武后朝，猶存六十三曲。其後歌辭所存，僅餘三十七首，又七曲有聲無辭，則所存者，只不過四十四曲了，玄宗以後，朝廷不重古樂，夷樂漸漸地輸入，清樂漸漸地淪亡了。郭茂倩《樂府詩集》云：

開元中，劉貺以為宜吳人，使之傳習，以問歌工李郎子。郎子北人，學於江都人俞才生，時聲調已失，惟雅歌曲辭，辭典而音雅。後郎子亡去，清樂之歌遂闕。

這是清樂闕時的一段歷史。至於曲辭，迄今猶存些甚麼呢？計有《子夜》、《上聲》、《歡聞》、《前溪》、《讀曲》、《神弦》等曲。以其為曼聲柔歌，俱列於吳聲。若《石城樂》、《烏夜啼》、《估客》、《莫愁》等曲，以其出於荊郢樊鄧之間，所以名之曰西曲。

辭的內容

在氣候溫和、山明水秀的江南，人民受了優美的自然界之陶冶，往往在荒山曠野中高亢地歌唱出震人心魂的情歌。《清商曲辭》，即是江南民間的出產品，其曼聲柔歌，足以代表江南民歌的本色。有一首《大子夜歌》便是曲辭內容的絕妙評語，其歌云：

歌謠數百種，子夜最可憐。慷慨吐清音，明轉出天然。

清音，天然，都是的當的形容詞。其內容的真摯動人，非一般執筆人所能寫出來的。

從曲辭中還可以看出婦女的實際生活。她們是始而養蠶，繼而組縑，別的生活即完全湮沒了。表現這種情形的如

《作蠶絲》、《子夜春歌》、《子夜夏歌》等。還有一種歌妓，也可以在曲辭中看到她們。

再者女子婚姻不自由，也可以窺出一二，如：

懊惱奈何訴！夜間家中論，不得儂與汝。（《懊惱曲》）

這明明是表現着婚姻的悲劇。明明自己有所愛的郎君，而自己却不能做主！

再說曲辭中又有《道君曲》、《聖郎曲》、《白石郎曲》、《青溪小姑曲》等，都是描寫神的生活的。這種神的理想，和希臘、拉丁很相似，不過缺乏偉大的藝術和普遍的信仰。有一點應當提到，是當日人民對於神之理想是現實化的，沒有恐怖和禁欲的色彩，與人間的男女一樣。并且神的文學，在北方是不易產生的，南方人民善於擬想，所以楚地是自來多浪漫文學的。

吳聲而曲不同

吳聲歌曲與西曲歌詞的内容，有没有區別呢？考察起來，亦各有其特點在：吳聲歌曲是善於表現幽情的，如《冬歌》、《黄生曲》、《團善郎》等可以爲例。西聲曲辭是善於表現別情的，如《三洲歌》、《采桑度》、《青驄白馬》等可以爲例。因爲江南生活隨便，幽情可上於口頭；荆樊一帶，人民善於經商，故民間多別離的。

第二節　清商曲辭的表現法

因爲曲辭是平民的性質，所以它有三種不同的表現法：

第十章　晉宋齊間的清商曲辭

重復格

重奏復沓，在民歌中是自然的表現法，因爲它極端自由，可以順著語調之自然，隨口改換幾個字演唱出來。在數章格調相同，而僅換三五個字不等的，不能說完全沒有意義：文法上大半是相同，而意味却有差別的地方。他們有泉湧似的感情，儘管緣着原調歌下去。詩三百篇中的《柏舟》（《鄘風》）以及《揚之水》、《出其東門》（《鄭風》）、《兔爰》、《采葛》（《王風》）等，皆是這種歌調的。在曲辭中如《黄鵠曲》三首都是用"黄鵠參天飛"起首，以"半道"二字相接。如《長樂佳》的後三曲，都是用"欲知長樂佳"起首，而接以"中陵羅"三字。再如《碧玉歌》用"碧玉破瓜時，郎爲情顛倒"，其格調更爲顯明，其後句之變化亦更大了。是以看出歌唱時候的語調自由，更換自如，非詩人所能辦到的。

民歌是抒發内心之情感的，不論是歡快與悲憤，不論是凄愴與嫉忌，當他們内在要求強烈的時候而歌出，因爲以歌完他們的心願爲了事，所以重復着歌調向長處延展，一而再再而三。

雙關意

雙關意即是兩意雙關語。是詞在此而意在彼，借其他詞的聲音，以顯示他內含之意思的。唯口唱的文學便於這個，所以可以說是民歌中特有的表現法。在詩人中雖可以找出點這種技巧，不過是模仿罷了。若李商隱底《無題》詩：

春蠶到死絲方盡，蠟炬成灰淚始乾。

第一句是雙關，第二句可以說是兩意語，絲字自然是思字

的雙關。宋代蘇東坡還有一首詩:

　　蓮子劈開須見薏,楸枰著盡更無棋,破衫却有重縫處,一飯何曾忘却匙。

　　趙彥村注云:"此吳歌格,借字寓意也。薏與意,棋與期,縫與逢,匙與時,俱同音也。"據趙氏言,蘇軾的雙關,亦爲模仿《清商曲辭》而來的。

　　吳歌中的雙關,大概有以下的多種:

　　蓮——憐,萎——違
　　藕——偶,絲——思
　　梧子——吾子,芙蓉——夫容

　　他如拿"黃蘗"之雙關"苦"字,拿"石闕"來雙關"悲"字等,都是很有意義的。在表現上可以稱爲文藝界的珍寶。

兩意語

　　兩意語和雙關意,很有些人把它倆認爲一談,其實各有其不同之點。最顯明的是:雙關意是注重在所借喻的事物之聲音,兩意語是注重在所借喻的事物之意義。

　　不過很有些介乎雙關兩意之間,聲音與意義并重的。如《華山畿》:"長鳴雞,誰知儂念汝,獨向空中啼。"前兩句是注重意義,最末一個字,是注重聲音。再如《子夜歌》"見娘喜容媚,願得結金蘭。空織無經緯,求匹理自難",也是意義與音調并重的。

　　在《清商曲辭》中可以看做兩意語的,有《子夜歌》、《歡聞變》、《長樂佳》、《江陵女歌》等十余首都是。如《歡聞戀》一首云:

　　刻木作班鳩,有翅不能飛。搖着帆檣上,望見千裏磯。

這是恨自己和一支木刻的班鳩一樣，有翅不能高飛，安得飛上帆檣，望一望親人之所在地呢。

再者兩意語與象徵性質的作品，亦有不同。象徵性質的作品，是較兩意語為空泛、寬闊；兩意語所借喻事物之意義，是較為切實，較為淺近與顯豁。如是《楚辭》裏的"惟草木之零落兮，恐美人之遲暮"。說它是象徵的作品則可，說它是兩意語則不可。

第三節　清商曲辭與梁鼓角橫吹曲之比較及影響

橫吹曲的解釋

橫吹是一種胡樂，而胡樂可知的則為鮮卑、吐谷渾、部落稽三國，其彼登記是開始於後魏的。這種樂曲，是馬上鼓奏的軍中樂曲，後來分為兩部，有簫笳的為鼓吹，於朝會道路用之；有鼓角的為橫吹，於軍中馬上用之。其曲數，按《古今樂錄》上說，梁鼓角橫吹曲為三十六曲，三十五曲有歌有聲，十一曲無聲有歌。并是時樂府胡吹舊曲四十一曲，十一曲亡佚，尚得三十曲，總前三十六曲，為六十六曲。現在丁福保《全梁詩》所存的，亦即此六十餘曲，我們即以此去作比較。

比較

胡適《白話文學史》稱《清商曲辭》是南方的平民文學，是兒女文學,鼓角橫吹曲是北方的平民文學,是英雄文學。也可以説一個是情的呼喊,一個是力的呼喊。在力的呼喊,當然是表現着色彩濃厚的戰爭文學,但是也免不了情的呼喊,不過情調不同罷了。譬如同是一曲約會歌,北邊的是:"明月光光星欲墮,欲來不來早語我!"(《地驅樂歌》)南方的是:"一坐復一起,黄昏人定後,許時不來已?"(《華山畿》)

一曲寫得多麼直爽,多麼男兒氣,一曲寫的情又是多麼的含蓄與柔靡。此外《地驅樂歌》之"側側無力"與《子夜秋歌》之"涼風開窗寢",《折楊柳歌辭》之"腹中愁不樂"與《子夜夏歌》之"反覆華簟上"等,對比着讀,都可以看出區別來。一是爽快、明顯、質樸,一是委婉、含蓄、驕艷。這個全由於南北民族之不同的。

影響

在齊梁小樂府以前,最顯著的平民文學之影響,是詩壇上產生了小詩。那時候大詩人們在動大筆之外,常弄這些小玩意。像鮑照就寫了什麼《吴歌》、《采菱歌》、《幽蘭》、《中興歌》這些東西,大半都是向輕艷情趣處做的,極力規模《子夜歌》一類的風趣。同時惠休、寶月,都是小詩的重要作者。惠休的詩,顏延之鄙爲"委巷中歌謡",此更足以證明其詩受當代民歌影響之大呢。梁以後的小樂府,完全是民歌化了。梁武帝父子,便是模仿民歌的聖手。我曾在《清商曲辭研究》之文中,作過模仿詩作的對比。

本章參考書:
(1)張長弓:《清商曲辭研究》,《燕大月刊·國學專號》。

第十一章　晋宋齊梁之詩

第一節　田　園　派

淵明的人生觀

　　詩到晋之末年，漸漸注意在自然界的描寫。揭竿而起的第一個人，影響於後代詩壇又最大的恐怕要算陶淵明的田園派了。陶淵明之寫田園詩，當然由於他的人生觀。所以先討論他人生觀之究竟。

　　晋代老莊的信徒，矜高自持，厭世罵人的甚多。如陶淵明的真摯清高，實不多見。淵明性格的沖遠枯淡，人所皆知；唯是在枯淡之內，又包含着炎炎之情火的，即是鎔鑄熱情的性格，而至於枯淡的。此性格之所以陶冶出來的，即由於時代流行的老莊思想。勿論慧遠一派之佛教有多麼大的關係，而老莊思想，對於他性格的陶冶實具有大力，由其推尊老莊之詩語，可以得知。所以他是以老莊的思想爲背景而鑄成達觀的人生觀，與自然同化，悟得天命之樂，即由主觀的世界，而走向客觀的世界了。

譬如《勸農詩》的"悠悠上古"與《桃花源詩》合讀起來,脫棄智慧的世界,返於純樸的上古;所謂復歸於自然,復歸於無極,這種思想反映於詩文中,如"久在樊籠裏,復得返自然"(《歸田園居》),又"質性自然,非矯厲所得"(《歸去來辭序》)等都是。既返於自然,逍遥於真的自由之天地。稱爲千古絶唱的"結廬在人境"一首,已道破此種心境了。

田園詩

因爲淵明質性自然,所以他以爲農村生活,是最健全的生活,最快樂的生活,因之田園詩歌便應口歌出了。寫農村景象如《歸園田》"方宅十餘畝"一首,把草屋前植的桃李,草屋後生的榆柳,都寫照出來。遼遠看着,隱隱約約的村莊,繚繞不絶的炊烟;狗吠雞鳴之聲若斷若續地傳來,完全是一幅自然的畫圖。他如《田家雜興》、《勸農》、《田家紀事》等作,寫那室家夫婦顧笑之歡,老幼攜持臨眺之樂以及桑婦農夫宵宿野征的情形,未在鄉村中生活過的人,不唯表現不出來,恐怕連領會也不能盡情吧!

又如寫屋宇及自然之景的有《移居》、《雜詩》、《終南幽居》、《仲夏入園中東坡》、《山居貽裴十二迪》、《晚霽園中喜敕作》等,這些篇什都是客觀描寫的佳作。

影響

田園詩人陶淵明,作風冲澹明暢,外枯中膏。對於後代影響最大的莫如唐代,次則爲宋代。不過後人雖學他,大半只能得其一偏。拿唐代來說:

A. 王維——善描山水,得陶之清腴。
B. 孟浩然——遇景入詠,得陶之閒遠。
C. 儲光羲——嗜寫園林,得陶之澹樸。
D. 韋應物——閒淡中遠,得陶之冲粹。
E. 柳宗元——雄深雅健,得陶之峻潔。
F. 白居易——恬静閒適,得陶之冲瀟。(據沈德潛《說詩晬語》)

唐人祖述陶詩的甚多,這裏不過舉其犖犖大者。

宋人蘇東坡作詩,自然流露,神韻冲簡,得於陶公的獨多。因爲他喜歡陶詩,所以曾作《和陶詩》四卷。其他如王安石、黃庭堅等,皆受陶之影響不少。

第二節 山 水 派

文人的詩作,到宋元嘉以後,突然放出了異彩,就是純客觀的描寫家,以自然界爲表現對象的山水派詩產生。創闢山水詩的首領是謝靈運,所以謝靈運的生活及思想,我們有知道的必要。

生活及思想

謝靈運是一個紈綺子弟,依庇他祖父謝玄的功勳,稍長即襲封爲康樂公,食邑二千户之多。所以其習性奢華豪貴,車御用器,多爲惹人注意的鮮麗,衣服時時出些新樣;用人羅列滿堂,一呼百諾,可謂一幸福的貴公子呢。既然生活這樣優裕,自小即養成遨游的習慣。如《南史本傳》稱：

　　鑿山浚湖，功役無已。尋山陟嶺，必造幽峻。巖嶂數十重，莫不備盡登躡。

　　是他的行爲，無異於佛教徒。若細考，靈運就是一個信奉釋教的。我們的證明有三：

（1）《南史本傳》稱：

　　孟顗事佛精懇，而爲靈運所輕。嘗謂顗曰："得道應須慧業，丈人升天，當在靈運前；成佛必在靈運後。"顗深恨此言。

（2）依明《百三名家集》本，尚可考見，靈運常與同時之釋家往還書札，如《答綱琳二法師書》等。又與僧維、法勖、慧琳、法綱等答辨宗論。

（3）謝氏《答王衛軍問辨宗論書》云："幽僻無事，聊與同行道人，共求其衷。"又《辨宗論》云："同游諸道人，并業心神道，求解言外。"

　　由以上情形看，謝氏爲一佛教徒無疑。本來當日釋教傳入中國，晉宋人士，風靡一時，很少有人不受新來思潮之影響的。而況謝氏生活，本來接近佛教呢。

山水詩

　　田園派的詩，已經是注重自然界的描寫。到山水詩，便完全以咏歌山水爲目的了，在詩壇上也算是一種新的遞嬗。劉勰《文心雕龍·明詩》云："宋初文咏，體有因革。老莊告退，山水方滋。"又沈德潛《說詩晬語》云："劉云：老莊告退，山水方滋。游山水詩，應以靈運爲開先也。"是山水詩之興起，與開闢山水詩之靈運，前人業已說過了。

　　原來靈運爲永嘉太守時，不問政事，終日在外游山玩水，所到之處,輒有咏寫以記事。所以他的歌咏,多爲山水的。現在我們僅擇其重要的言其一二。他底《過始寧墅》有兩句"白雲抱幽石,綠篠媚清漣"爲後人所稱賞不已。妙在一個抱字,一個媚字。又《七里瀨》中的:"石淺水潺湲,日落山照耀。"這兩句寫山澗日暮之景,極爲幽麗。

唐人王昌齡的"清暉淡水木,演漾在窗户"以及常建的"初日在川上,便澄游子心"似皆不如靈運筆墨之妙。

又《游南亭詩》有云:"密林含餘清,遠峰隱半規。"唐人李白有"西山欲銜半邊日"之半邊,恐即基於半規而來。唯半規有茫然之狀可想,而半邊則似王維底"大漠孤烟直,長河落日圓"之落日圓,共爲明麗與雄闊,和半規茫然之趣不同。

中國爲大陸的國家,自來關於海之咏寫甚少,靈運有《游赤石進帆海》詩,有云:"揚帆采石華,掛席拾海月。"這兩句完全寫詩人之想象,頗得後人之稱述。

以上不過略示一二例,像那寫山水的美辭妙句是很多的。

作風與影響

關於靈運的作風,劉勰《文心雕龍·明詩》有云:"儷來百色之偶,爭價一句之奇。情極貌以寫物,辭窮力而追新。此自靈運倡之矣。"靈運詩之費苦心,由此可知一二。原來他的精工,是他的長處,也是他的短處,往往失去了自然的情趣,不免雕琢的痕迹。同時的顏延之與靈運齊名,他也是一個用死工夫的人,鮑照評他的詩是:"鋪錦列繡,然亦雕繢滿眼"的。可見當日雕琢是一時之風氣,已不像淵明的質而自然了。

靈運作品的影響後代,雖不如陶詩之巨,亦有可稱述的地方。唐叙景詩之作者,如王維、常建等,其係統可列於淵明與靈運之下。李白、杜甫的紀游作品,亦多宗於靈運。像張九齡等人游覽之作,亦似爲規模靈運的。

第三節　永明體與宮體

永明體的詩,在詩史上的重要,比任何時代的詩都重要。千餘年來的詩人,千餘年來的詩壇,都不曾跳出它所劃定的範圍。到底永明體的詩是什麼內容呢?

解題

考《南史・陸厥傳》云:

永明末,盛爲文章,吳興沈約,陳郡謝朓,琅邪王融,以氣類相推轂。汝南周顒,善識聲韻。約等文皆用宮商,將平上去入爲四聲。以此制韻,有平頭、上尾、蜂腰、鶴膝。五字之中,音韻悉異;兩句之內,角徵不同。不可增減,世呼爲永明體。

由此看來:後世所謂永明體,即是詩中宣示出聲韻論的關係。

按周顒是死於永明七年(公元 489 年),曾作了《四聲切韻》。沈約也作了《四聲譜》,既然名之曰譜,當是關於音韻大綱的東西,可惜後代已不傳了。沈約《宋書》成於永明六年。《宋書・謝靈運傳論》有論聲韻之文云:

五色相宣,八音協暢,由乎玄黃律呂,各適物宜。欲使宮羽相變,低昂互節。若前有浮聲,則後須切響。一簡之內,音韻盡殊,兩句之中,輕重悉異。妙達此旨,始可言文。

按陸機《文賦》已有"暨音聲之迭代,若五色之相宣",似可稱爲聲韻論的先聲。自從這樣提倡以後,於是詩中最大的問題,便是聲韻之妥協,把詩中形成了不少的律格。而永明體的詩因以成立。

作者及影響

當時文壇上有"竟陵八友"之稱。由於齊武帝第二子竟陵王子良,禮士好藝,天下詞客,多集其門,其中有八人更見敬異,於是八友之稱傳於世了。如王融、謝朓、沈約、范雲、蕭衍等,都在八友之内。所以聲韻論在竟陵王還有提獎之功呢。當日作者雖創出種種律格,他們的作品倒也未必盡合於律格。王融并非詩之大家,他的長處是文藻富麗,在芳林園作《曲水詩序》,很被稱説。謝朓的詩譽極高,蕭衍愛誦他的詩説"三日不讀,便覺口臭"。沈約也互相標榜着説:"二百年來無此詩。"唐李白亦異常佩服他。其實他也不是了不得地好,不過有山水詩的家學,而出之以駢偶字句,并注意到新的聲韻罷了。他全篇佳美的詩很少,所稱述的"大江流日夜,客心悲未央"等,亦不過是片斷的佳句。沈約的詩,堪稱工麗。其長處是能景情并達,所以閭里見重,誦咏成音,爲一代的盟主。

大家作詩既注重字句工整,聲音協暢,所以駢文因之全盛起來。近體詩的規模,亦肇始於此了。

宫體詩之内容

《梁書·本紀》簡文帝《自序》云:"余七歲有詩癖,長而不倦。然傷於輕艷,當時號曰宫體。"

梁武帝《白紵無詞》、《許彦周詩話》評其麗爲古今第一。

《詩鏡總論》稱述梁人多妖艷之言。武帝父子既愛輕艷之作，他們的羽翼以及攀龍附鳳之徒，自然要"下必甚焉者"了。

徐陵當日曾撰《玉臺新咏》一部，據劉肅《大唐新語》云：

> 梁簡文爲太子時，好作艷詩，境内化之，浸以成俗。晚欲改作，追之不及。乃令徐陵撰《玉臺新咏》以大其體，凡爲十卷。

這十卷完全爲輕艷之作，把當代的作品，搜羅了很多，可見這一種作品在當日的風行。風行的原因，是受了當代民歌的影響。

因爲輕艷之作風靡一時，所以不久就有人起而改革其作風。陳之陰鏗把輕艷浮靡的宮體派一變而爲自然清麗，如《和侯司空登樓望鄉》可以爲代表。再如北周的庾信，把輕艷浮靡的宮體派一變而爲綺而有質、艷而有骨的清新之作，如《同顔大夫初晴》一首可以爲代表。不過沿其浮靡之風的亦大有人在，所以隋文帝時候，李諤上書《革文體輕薄》，其影響一直到初唐。

本章參考書：

（1）《陶淵明專號》，《國學月報》第一集，景山本。

（2）張長弓：《老莊思想與當代詩壇》，《大河雜志》一輯三册。

（3）丁福保編：《全晉詩》，醫學書局。

（4）（日）鈴木虎雄：《謝靈運與山水文學》，《支那文學研究》。

（5）丁福保編：《全南北朝詩》，醫學書局。

（6）（南北朝）徐陵：《玉臺新咏》，删補本。

（7）謝无量：《中國大文學史》，中華書局。

第十二章　晉代佛經的輸入

第一節　佛經翻譯的歷史

佛教的興起

佛教之傳入中國，是很早的史迹。據釋慧皎《高僧傳》卷十的記載，王度奏石虎道：

往漢明感夢，初傳其道，惟聽西域人得立寺都邑，以奉其神。

是漢明帝時，佛教已傳入中國了。永平中，明帝夢見一個金身丈六、頂有日光的神人。傅毅以爲天竺國有佛教，乃遣使臣往求，得經書及僧伽二人還國，於是創立佛寺。這是中國有佛教之始。

中國古代原有宗教是樸素簡陋的，突然輸入了這種偉大富麗的宗教，所以舉國傾狂。幾百年中，上自帝王公卿、文人學士，下至愚夫愚婦，都受這新來宗教的震盪與蠱惑，風氣所趨，佛教遂征服了全中國。漢魏間儒教的思想，沉滯不振，故皆渴望一種新的學說。又加諸佛教的思想深遠廣大，切合於中國人民夸大的心理，所以一天比一天興盛。

晋代以後，佛教勢力突然大起來的原因，是社會的戰亂。五胡十六國的時期，你争我奪，征伐不已。人民不得安生，朝野上下，皆具有厭世的念頭，於是遂皈依於釋迦。當代君王，亦多信奉釋迦，影響於臣下的亦不在小。譬如石勒、石虎信用佛圖澄以後，"道化既行，民多奉佛。皆營造寺廟，相競出家"（《高僧傳》卷十）。雖然王度、王波等人的奏請禁止，終不阻止這新宗教的流行。又如晋孝武帝太元六年：

春正月，帝初奉佛法，立精舍於殿内，引諸沙門以居之。（《晋書本紀》）

又晋恭帝元熙二年：

其後復深信浮圖道，鑄貨千萬，造丈六金像。親於瓦官寺迎之，步從十許里。（《晋書本紀》）

由此以看，晋之諸帝亦多皈依於釋迦的，所以晋宋齊間佛教已深入於人心了。

譯經的歷史

佛教既征服了全中國，佛教徒不能不注重傳教的事業，於是需要經典的翻譯。中國人也都想瞭解新宗教的内容，都願意誦讀經典，在這種情形下翻譯便越來越多了。翻譯佛經最早的一個人，據傳說是漢明帝時候的攝摩騰，他曾譯了《四十二章經》。考察《四十二章經》是編輯佛教的精語以成之的，句法是學老子，大概是編述的性質。爲了適合中土人民的習慣，恐怕要犧牲佛經文學的本色，所以最古的經錄也未收此書。與攝摩騰同來的竺法蘭，說是也有幾部譯經，不過這些人物的

第十二章　晋代佛經的輸入

有無，現在是不能決定的。

到桓靈時代，據釋慧皎《高僧傳》上所示的譯經者，有安世高、支讖、安玄、嚴佛調、支曜、康巨等一些人。除掉嚴佛調是中國臨淮人外，都是異國人民。當日他們集到洛陽，翻譯的多屬小品，嚴佛調與安玄合譯的有《維靡詰經》等。

在三國時候，主要的譯經者，有支謙譯出了四十九種之多，康僧會亦譯出十余種。維祇難與竺將炎合譯《曇鉢經》一種，今名《法句經》，用的是四言和五言的體裁。譯者是多集在南方的。

到西晉時候，竺法護是一個最重要的譯者，他本爲月支人，世居敦煌，嘗到西域得到許多梵經。據釋慧皎《高僧傳》上記：

所獲《賢劫》、《正法華》、《光贊》等一百六十五部。孜孜所務，唯以宏通爲業，終身寫譯，勞不告倦。

由此可見他介紹佛教經典，作爲終身的事業，譯文是暢達清雅。

不久又出來一位譯經大師，他是鳩摩羅什。翻譯經典到現在才算達於成熟的時期。他既精通佛典，又精通漢文，故姚興征服後涼之後，於弘始三年，迎他到長安，待以國師之禮，請他譯經。他譯的有《大品般若》、《小品金剛般若》、《十住》、《法華》、《維摩詰》、《小無量壽》等經，又有《十誦律》等律，又有《誠實中論》、《百論》、《十二門論》等論，凡三百餘卷。

繼而要提到的是曇無讖，他曾譯出《涅槃經》、《大集經》、《大雲經》、《佛所行讚經》等。《佛所行讚經》是一首很長的無韻敘事詩，對於中國文壇有極大的影響。

晉宋以後，南方也有重要的譯場。僧伽提婆在廬山譯出

《阿毗曇心》等，又在建業重譯《中阿含》。佛馱跋陀羅在廬山譯出《修行方便論》，又在建業道場寺譯出《華嚴經》，是爲晉譯《華嚴》。法顯從印度留學回來，帶了經卷，在道場寺請了佛馱跋陀羅譯出《大泥洹經》及《摩阿僧祇律》等。又求那跋陀羅在建業譯出《雜阿含》，又在丹陽譯出《楞伽經》，又在荆州譯出《無量壽經》等。及求那跋陀羅死於宋武帝泰始四年（公元468年），以後譯經的事業便衰了。

到齊永明十年（公元 492 年），求那毗地又譯出《百句喻經》、《十二因緣》、《須達長者經》等，都是小品。以後譯經更不多見了。

第二節　佛經文學的一斑

佛經翻譯的事業，大約有千年之久。其部數卷數據日本刻的《大藏經》與《續藏經》，共三千六百七十三部，一萬五千六百八十二卷。（《大正大藏經》所添不在内，《大日本佛經全書》（一百五十巨册也不在内。）自晉之南渡（公元 318 年）起，到隋滅陳（公元 589 年）止，只有二百七十多年，據《開元釋教錄》所載，譯經共一千一百八十七部，三千四百三十七卷。譯經者九十六人。

這麼多的譯者，譯出這麼多的經典，他們翻譯的態度却是一致的。因爲宗教的經典，重在傳真，重在正確，而不重在辭藻文采，所以駢偶的爛調是沒有的。因爲重在讀者易解，而不重在古雅，所以譯者趨向平易明暢的道路。現在我們舉出幾

部書作例:

《法句經》

《法句經》就是《曇鉢經》,已見於前。卷首有一序文,頗有意義。其文云:

將炎雖善天竺語,未備曉漢。其所傳言,或得梵語,或以義出。音近質直,僕初嫌其為詞不雅。維祇難曰:佛言依其義,不用飾;取其法,不以嚴。其傳經者,令易曉,勿失厥義,是則為善。……是以自偈受譯人口,因順本旨,不加文飾。譯所不解,即闕不傳。故有脫失,多不傳者。然此雖詞樸而旨深,文約而義博。

這可見譯者的態度是只求意義而不加文飾的。現在略舉一二段為例於下:"盲從是得眼,闇者從得燭。示導世間人,如目將無目。"(《多聞品》)"譬如厚石,風不能移。智者意重,毀譽不傾。"(《明哲品》)

《法句經》是衆經的要義,是古代沙門從衆經中選出四句六句的偈,分類編纂起來。因為是衆經的精華,所以不加雕飾地譯出,仍有文學的價值。

《勸意品》

《勸意品》是法護在太康五年(公元284年)譯成的《修行道地經》中的一篇。法護的譯筆據釋慧皎《高僧傳》道安的批評,是"雖不辯妙婉顯,而弘達欣暢……依慧不文,樸則近本"。現在我們看《勸意品》中的擎鉢大臣的故事。可惜原文很長,這裏僅摘錄一二段作例:

時一國人普來集會,觀者擾攘,喚呼震動,馳至相逐,躄地復起,轉相登躡,間不相容。其人心端,不見衆庶。觀者復言,有女人來,端正姝好,威儀光顏,一國無雙。如月盛滿,星中獨明;色如蓮華,行於御道。……爾時其人,一心擎鉢,志不動轉,亦不察觀。

觀者皆言:"寧使今日見此女顏,終身不恨,勝於久存而不覩者也。"彼時其人雖聞此語,專精擎鉢,不聽其言。

昔日有一個國王,想選擇一個明智之人以爲輔臣。他先要試一試他,使他擎着一個盛滿的油鉢,走向距離二十裏地的調戲園,如鉢油滴下一滴,須割其頭以罰之。這當然是難做的事。明智之人以爲若見是非而不轉移,唯念油鉢,志不在餘,可以度過。上邊是在路途上的經過,以表現其人的心專。

《維摩詰經》

這部經是鳩摩羅什譯的,他對於自己的譯筆,并不過於相信。嘗有言曰:"但改梵爲秦,失其藻蔚,雖得大意,殊隔文體。有似嚼飯與人,非徒失味,乃令嘔噦也。"此正可以表示他是一個有文學欣賞力的人,不滿意自己明暢的筆墨。

《維摩詰經》,是一部富於文學趣味的小說。大意是居士維摩詰有病,釋迦佛叫他的弟子去問病,他的弟子舍利弗、大目犍連、大迦葉等,都一一訴說維摩詰的本領,都不敢去問病。佛又叫彌勒菩薩、光嚴童子、持世菩薩等去,他們也一一訴說維摩詰的本領,復不敢去。到後來,只有文殊師利肯去。

以下便寫文殊與維摩詰相見時維摩詰所顯的辯才與神通。這部經在後代文學界、美術界的影響是很大的。

鳩摩羅什譯品中,又有一部《法華經》,雖不是小說,卻是富於文學趣味的。其中有幾個寓言,是世界文學裏最有價值的寓言。描寫老朽大屋的種種恐怖和火燒時的種種紛亂,都是很熱鬧的。

《佛所行讚經》

這部經是曇無讖翻譯的。是佛教偉大詩人馬鳴的杰作,是述佛之一生故事的。全詩分二十八品,約九千三百句,凡四萬六千多字,文辭美妙無比。今引出《離欲品》的兩段於後:

太子入園林,衆女來奉迎。并生希遇想,競媚進幽誠。各盡妖姿態,供侍隨所宜。或有執手足,或遍摩其身。或復對言笑,或現憂戚容。㒵以悅太子,令生愛樂心……

爾時婇女衆,慶聞優陀說。增其踴悅心,如鞭策良馬。往到太子前,各進種種術;歌舞或言笑,揚眉露白齒,美目相眄睞,輕衣見素身。妖搖而徐步,詐親漸習近。情欲實其心;兼奉大王言,漫形媟隱陋,忘其慚愧情。

下邊是說太子心堅固,不爲女色所動,仍是傲然不改容。愈寫女子之妖美,愈見太子之無欲的。

《佛本行經》

這是寶雲譯的一部與《佛所行讚經》同類的經。寶雲到過于闐、天竺,遍學梵書。釋慧皎《高僧傳》卷三稱他"華梵兼通,音訓允正"。可見是很有資格的翻譯家。這部經共分三十一品,有時用四言,有時用五言,有時用七言,而五言居最大部分。現在摘第八品《與衆婇女游居品》裏寫太子與婇女同浴的一段,以見其濃艷的描寫一斑:

太子入池,水至其腰。諸女圍繞,明耀浴池;猶如明珠,遶寶山王。妙相顯赫,甚好巍巍。衆女水中,種種戲笑;或相溠没，或水相灑；或有弄華，以華相擲；或入水底，良久乃出；或於水中，現其衆華；或没於水，但現其手。衆女池中，光耀衆華，令衆藕華，失其精光。或有攀緣，太子手臂，猶如雜華，纒着金柱。女妝塗香，水澆皆墮，旃檀木檀。水成香池。

此外如《華嚴經》是一部幻想的教科書，如《蓮花落》一般地溜去，往往成就了不講結構的長篇小説。

第三節　譯經文學的影響

體裁的

印度的文學往往注重形式上的布局與結構。《佛所行讚》、《佛本行經》都是偉大的長篇故事，不用説了。其餘經典也往往帶着小説或戲曲的形式。《須賴經》一類便是小説體的作品，《維摩詰經》、《思益梵天所問經》都是半小説體半戲劇體的作品。這種懸空結構的文學體裁，都是中國没有的。他們的輸入，與後代彈詞、平話、小説、戲劇的發達，都有直接或間接的關係。

想象的

佛教文學最富於想象力，雖然有些不近情理的幻想，然對於那最缺乏想象力的中國古文學却有很大的解放作用。我們可以説，中國浪漫主義的文學，是印度文學影響的産兒。

宣傳的影響

以上是關於譯經影響於文學的。後來佛教徒爲了宣傳教義，又演變出三種方法：

（1）經文的"轉讀"。
（2）梵唄的歌唱。
（3）"唱導"的制度。

這三種宣傳法門，便是把佛教文學傳到民間去的路子。也便是産生民間佛學的來源。釋慧皎的《高僧傳》分十科，而第九科爲"經師"，即讀經與念唄兩類的名師。第十科爲"唱導"，即唱導的名家。可見這三種宣教的方法，在當日是很重要的。

釋慧皎《高僧傳》云："天竺方俗，凡是歌咏法言，皆稱爲唄。至於此土，咏經則稱爲'轉讀'，歌讚則號爲'梵音'。"這可見"轉讀"與"梵唄"是同出於一源的大概誦經之法，要唸出音調節奏來，是中國古代所沒有的。這法子傳遍中國以後，和尚念經，小孩念書，秀才讀文章，都十足受了印度的影響。

至於"轉讀"的名家，如支曇籥是最早的一個，釋慧皎《高僧傳》上説："嘗夢天神授其聲法，覺因裁製新聲，梵響清靡，迴飛却轉，反折還弄。……所製六言梵唄，傳響於今。"此外道綜、僧饒、智宗等，都是有名的轉讀家。

什麽叫做"唱導"呢？釋慧皎《高僧傳》十五云：

唱導者，蓋以宣唱法理，開導衆心也。昔佛法初傳，於時齊集，止宣唱佛名，依文教禮。至中宵疲極，事資啓悟，乃別請宿德，升座説法。或雜序因緣，或傍引譬喻。其後廬山慧遠，道業貞華，風才秀發，每至齋集，輒自升高座，躬爲導首，廣明三世因果，却辯一齋大意。後代傳受，遂成永則。

　　這一節關於唱導的意義與形成，説得很爲詳細。唱導就是齋場的布導會。唱導的内容，因爲主人階級的不同，唱導文也時時改變，所以也有製造出新的唱導文的。釋慧皎《高僧傳》、《真觀傳》中説他著有《導文》二十餘卷。

　　總之轉讀之法，使經文可讀，使經文可向大衆宣讀，這是一大進步。宣讀不能叫人懂得，於是有俗文變文之作。把經文演成通俗的唱本，使多數人容易了解，這便是更進一步了。後來唐五代的《維摩變文》等，便是這樣起來的。梵唄之法，用聲音感人。先傳的是梵音，後變爲中國各地的唄讚，遂開佛教俗歌的風氣。後唐五代所傳的《净土讚》、《太子讚》、《五更轉》及《十二時》等，都屬於這一類的。

本章參考書：

（1）胡適：《白話文學史》第九、十章，新月書店。

（2）梁啟超：《飲冰室文集》第四集前三卷，中華書局。

第十三章　南北朝的小說

第一節　鬼神志怪的記述

　　秦漢以來，神仙之說流行於人間；漢末又大暢巫風，於是鬼道亦復熾盛。加諸小乘佛教輸入中土，所以關於鬼神靈異的事迹，傳遍於人口。有些勤謹的文士隨筆記下，便是我們現在所說的鬼神志怪的小說。
　　在晋的時候，干寶《搜神記》、陶潛《搜神後記》等還存在，至於荀氏《靈鬼志》、陸氏《異林》、戴祚《甄異傳》、祖冲之《述異記》等，都已散佚了。現在我們從南北朝說起。

　　《異苑》

　　這部書是死於宋明帝泰始中的劉敬叔所作的。敬叔穎悟有異才，所著有《異苑》十餘卷行世。現在所存的《異苑》爲十卷本，恐已非原書了。《異苑》的內容，我們由書名即可以知道。今錄其一則，以見一斑：
　　義熙中，東海徐氏婢蘭忽患羸黃，而拭拂異常，共伺察之，

見掃帚從壁角來,趨婢床,乃取而焚之,婢即平復。(卷八)

《續齊諧記》

這部書是死於梁武帝普通元年的吳均所作的。宋散騎侍郎東陽無疑有《齊諧記》七卷,見於《隋志》,已佚。吳氏作《續齊諧記》一卷,今尚存,恐亦非原本。吳氏是夙有詩名的,文體清拔,好事者或模擬之,稱"吳均體",故其小說,亦卓然可觀。譬如寫許彥遇一書生的故事,是多麼詭異與富麗。這一篇是據《舊雜譬喻經》(康僧會譯)而寫的。段成式《酉陽雜俎續集·貶誤篇》有云:

釋氏《雜譬喻經》云:"昔梵志作術,吐出一壺,中有女子與屏,處作家室。梵志少息,女復作術,吐出一壺,中有男子,復與共臥。梵志覺,次第互吞之,拄杖而去。"余以吳均嘗覽此事,訝其說以爲至怪也。

在吳氏演述時,先構出一個陽羨許彥,於綏安山行遇一書生。這書生就是梵志的化身。中間在吐出的男子口中又吐出女子來,是吳氏增加的。末謂書生與一銅盤作紀念,亦係佛經所無的。

《冥祥記》

這部書是王琰於宋大明及建元年間,兩感金像之異而記出的,共爲十卷,多存於《法苑珠林》及《太平廣記》二書中。叙述多委屈詳盡。今引錄一事於後:

漢明帝夢見神人,形垂二丈,身黃金色,頂佩日光。以問羣臣,或對曰:"西方有神,其號曰佛。形如陛下所夢,得無是乎?於是發使天竺,寫致經像。……"

《述異記》

這部書是梁代任昉所記的,是否原書,一時不易決定。任昉爲當代竟陵八友之一,沈約常稱述他文筆之妙,所以内中所記,頗有可讀之處。今錄其一則於下:

晋王質入山采樵,觀兩童子對奕;局終,柯已爛。

此事已見於《水經注》,言聽童子彈琴,俄頃,斧柯已盡。更有意味的是和《歐文雜記》中的《李迫大夢》一樣,一睡二十年。此故事係根據荷蘭人的傳說,是中外暗合,或是有所影響,都不能斷言的。

除上述外,又有顏之推《冤魂志》、《集靈記》,侯白《旌異記》等,皆爲記怪之小說,以震動世人之聽聞的。

第二節　舊聞佚事的記述

魏晋以後,文士有一種風氣,談吐間流於玄虛,舉止時故爲疏放。握筆之士,多采集舊聞新說,撰爲叢語。範圍是屬於人間的,已脫離了志怪的牢籠。現在我們略爲檢查於下:

《世說》

宋臨川王劉義慶有《世說》八卷,梁劉孝標注之爲十卷,見《隋志》。現在所存的出於宋人晏殊,不知何人又加上"新語"二字,共三十八篇,自《德行》至《仇隙》,以類相從。關於玄遠冷峻的言語、高簡瑰奇的行爲以及足資一笑者,都編錄在内。

《宋書》稱義慶才詞不多，而招聚文學之士，遠近必至。則本書也許是出於衆手呢。今錄兩則如下：

阮光祿在剡，曾有好車，借者無不皆給。有人葬母，意欲借而不敢言。阮後聞之，嘆曰："吾有車而使人不敢借，何以車爲？"遂焚之。《德行篇》

劉伶恒縱酒放達，或脫衣裸形在屋中，人見譏之。伶曰："我以天地爲棟宇，屋室爲幃衣，諸君何爲入我幃中？"《任誕篇》

《小説》

梁殷芸撰《小説》二十卷，至隋僅存十卷。明初尚傳於世，現在只能在《續談助》及原本《説郛》中見到。編製係以時代爲次第，而特置帝王的事迹於卷首。今錄一則於下：

孝武未嘗見驢，謝太傅問曰："陛下想其形當何所似？"孝武掩口笑曰："正當似猪。"（《續談助》四，原注云，出《世説》。今本無。）

《啓顏録》

是書係魏郡人侯白所撰，見於《唐志》。侯氏天資聰穎，滑稽善辯，好爲俳諧雜説，人多樂與之處。書雖久佚，《太平廣記》引用甚多。例從略。

此外沈約作《俗説》三卷，楊松玢作《解頤》二卷，早已散佚。

本章參考書：
(1) 魯迅：《中國小説史略》五、六兩篇，北新書局。
(2)（宋）李昉編：《太平廣記》，掃葉山房。
(3)（元）陶宗儀：《説郛》，商務印書館。

第十四章　唐代的詩歌(上)

第一節　詩歌興盛的原因

唐代是詩歌最盛的時期,據《全唐詩》的著錄,作者凡二千二百餘人,詩篇都四萬八千九百餘首。拿三百年的光景,比八代那七八百年所產生的詩之總量還多幾倍呢。詩歌這樣迅速地發展,在中國詩歌史上是應特書的一頁。然詩歌何以會在唐代這樣興盛,其原因却有探索的必要,現在把它簡單地分析於下:

君主的提倡

一代文風,君主提倡,實有大的關係,譬如漢季,靈帝好俳詞,魏之三祖亦多以吟咏爲事,因之攀龍附凤之徒,爲了羽翼其側,多愛好辭章,一代的文學,蔚然興起。唐代君主,亦多雅好文事,自然上有好者,下必有甚焉者,所以文人輩出,製作亦連篇累牘。唐太宗是一個英明之主,四夷征服之後,注意治道,講究文事。爲秦王的時候,已開設文學館,延致天下的文人，常常是"焚膏油以繼晷"，到深夜還研究不輟。即位後又置"弘文館"，蒐聚四部書至二十餘萬卷之多，聘請十八位文人，每日輪流着討論研究。太宗本人最愛好的是作艷詩，見於劉肅《大唐新語》。武後臨朝，也是大搜遺逸，四方文人，應制者足有萬人之多。雖說她的詩筆，多出於崔融、元萬頃等人之手，要之提倡之功，是不可湮沒的。

玄宗是以風流自賞，愛禮文士的君主。李白即以《清平調》見寵於玄宗。憲宗讀了白居易的《諷諫詩》，立即召爲學士。穆宗讀了元稹的歌詞，立即擢爲祠部郎中，知制誥。文宗好五言詩，竟置詩學士至七十二人之多。可見唐代君主，都與詩歌有緣。這便是唐代詩歌興盛的原因之一。

試驗制度之提倡

一般人的都是說：唐詩之興盛，由於唐代以詩賦取士。實際考察起來，詩賦取士僅爲唐詩興盛原因之一，因爲這種制度的推行，在詩賦興盛之後呢。

按唐代課賦，始於武後光宅二年（公元 685 年）。自此以後，成爲定例。開元二年所試爲《旗賦》，以風日雲野軍國清肅爲韻。言賦之八字韻脚，即始於此。

試詩始於哪一年呢？尚不得其詳。考王維"清如玉壺冰"詩（六韻）載於《文苑英華》（卷一八六）。《全唐詩》言爲維年十九，京兆府試的製作。維生於長安元年（公元 700 年），十九歲可推知爲開元七年（公元 719 年）。是開元七年府試業已課詩了。迄開元十二年，有關於祖咏的記載。計有功《唐詩紀事》卷二十有云：

有司試《終南山望餘雪詩》，咏賦云："終南陰嶺秀，積雪浮雲端。林表明霽色,城中增暮寒"四句,即納於有司,或詰之,詠曰:"意盡"。

是開元七年以後,試詩已成爲定制了。至於詩賦并試,大概始於天寶十年(公元 751 年)。是年試《豹鳥賦》及《湘靈鼓瑟詩》。錢起的詩賦并存於《文苑英華》,此可稱爲進士試驗詩賦之始。

拿現存的材料去考定,唐代科舉之試驗詩賦,最早不過於盛唐的。所以說試驗制度與詩歌的興盛,言之於開元以後則尚成理由,推之於開元以前則不可的。

時尚的原因

唐詩之興盛,除掉了以上的二個原因外,我以爲還有近體詩剛剛完成,給於文士們新的刺激,而惹起他們試作的興趣,也是一種興盛的原因。大凡一種新的藝術形式產生,一般人都感到新奇,而發生好奇心。能文之士,固然要弄弄文筆,不慣於屬文的,或者也要試一試。當日詩歌已經製定新的格律,不唯字句相對要工整,平仄亦要和諧,比較古詩的抒寫,是要多費心思的。所以一般人都有試作的精神。加諸政治方面的鼓勵與提倡,遂蔚然獨盛,而成爲詩歌的時代。

第二節　近體詩之完成

在詩歌史上,有所謂古體近體之別。古體是指那南北朝以前寫作時候無甚拘束的詩篇,近體是指唐以後寫作時候受

了格律限制的詩篇。近體是完成於唐代,它的遠流是早在唐以前的。現在略爲分析於下:

近體的意義

近體詩據前人説法,包含着律詩與絶句,現在我們要偏重律詩來説。所謂律詩,錢木庵《唐音審體》解釋云:

律者,六律也,謂其聲之協律也。如用兵之紀律,如刑之法律,嚴不可犯也。

那麼可以説有一定格律的便叫做律詩了。再具體點説:

(1) 一句之中,平仄須調節。

(2) 一聯之間,對偶須工穩。

(3) 一篇之内,聲音的浮切與低昂須修煉。

這三點可以説是律詩必具的條件,律詩之所以爲律詩,也就在於此。至於它與古詩的區别,日人兒島氏《中國文學概論》以句法、篇法、押韻法歸結爲六個異點。在這裏,我們也不必詳引了。

近體詩之雛形

六朝駢文盛行,所以詩句也多偶句。加以齊梁間聲韻論的提倡,使形成律詩的雛形了。劉師培《中古文學史》云:

試即南朝之文審之。四六之體,粗備於范曄謝莊,成於王融、謝朓,而王謝詩,亦復漸開律體。影響所及,迄於隋唐,文則悉用四六,詩則别爲近體。不可謂非聲律論開其先也。

是劉氏之論以爲律體之形成,由於聲韻論之提倡。所以楊慎《五言律祖》中,所取有謝朓《曲池之水》、王融《臨高臺》、沈約《秋夜》等。像此類詩,不過有其形式而已。若合以唐律之規律,當然相差得多了。

又吳喬《圍爐詩話》論律詩之起源云:

五言律詩,若略其形迹,而以神理聲韻論之,則對偶而五聯六聯者,如楊炯之《送劉校書從軍》,不對偶而八句者,學沈約之《別范安成》,柳惲之《江南曲》,皆律詩也。

胡應麟《詩藪》亦云:

用修集六朝詩爲《五言律祖》,然當時體製,尚未盡諧。規以隱候失黏上尾等格,篇篇有之。全章吻合,惟張正見《關山月》及崔鴻《寶劍》、邢巨《游春》,又庾信《舟中夜月》詩四首,真唐律也。

兹錄《舟中望月》一首於下:

舟子夜離家,開舲望月華。山明疑有雪,岸白不關沙。天漢看珠蚌,星橋視桂花。灰飛重暈闕,冥落獨輪斜。

像此詩大致已可歸入唐律。如陳後主《梅花落》、陳昭《昭君詞》、祖孫登《蓮調》等,皆可目爲唐律。若陰鏗《安樂宮詩》,是十句律詩,氣象莊嚴,格調鴻整,可稱爲律體之最完備的。

近體詩之完成

唐初四杰,爲文慣用駢儷之體,杜詩所謂"王楊盧駱當時體",就是這種意思,所以他們寫詩也趨向律詩。王世貞《藝苑巵言》有云:

盧駱王楊,號稱四杰。詞旨華麗,因緣陳隋之遺。骨氣翩翩,意象老景,超然勝之。五言遂爲律詩正始。

四杰爲詩不多,可以說是五律的第一期。稍後,杜審言、沈佺期、宋之問等詩人產出,完成了五言律詩。故王世貞《藝苑巵言》又云:"五言至沈宋始可稱律。律爲音律法律,天下無嚴於是者。知虛實平仄不得任情,而法度明矣。"論者稱沈宋都不及杜審言。實則如杜之《秋夜宴》、《奉敕咏終南山》等作,皆爲絕對合格的律詩。今錄沈佺期《夜宿七盤嶺》一首於下:

　　獨游千裏外,高卧七盤西。山月臨窗近,天河入戶低。芳春平林緑,清夜子規啼。浮客空留聽,褒城聞曙鷄。

　　以上是説的五言律,還有所謂七言律的。楊用修所取之七言律,如梁簡文、陳後主等作,内中皆雜五言。隋煬帝《江都樂》之前一首,頗有相似,然皆未成體。按《詩藪内編》以爲"盧家少婦"體格豐神,良稱獨步,按即沈佺期《古意呈補闕喬知之》一首。此外宋之問《奉和春初幸太平公主南莊應制》一首,亦可稱爲七律。兹錄沈作於下,以見一斑:

　　盧家少婦鬱金堂,海燕雙棲玳瑁梁。九月寒砧摧木葉,十年征戍憶遼陽。白狼河北音書斷,丹鳳城南秋夜長。誰謂含愁獨不見,更將明月照流黄。

　　是在沈宋時代,五律七律全已完成了。

第三節　近體詩與音樂

　　近體詩,是指律詩與絕句而言的。絕句本來另有淵源,大概在律體産生之後,絕句便無形同化在律詩中了,後人往往把它誤會爲截取律詩之半。不論是絕句與律詩,最應注意的是均可以入樂。後人只知道絕句入樂,忽略了律詩入樂,那是很可惜的。

律詩入樂

律詩入樂最可靠的證據,是《唐書·音樂志》所載的《享龍池》樂章十首。

(1) 紫微令姚崇作;(2) 左拾遺蔡孚作;(3) 太府太卿沈佺期作;(4) 黃門侍郎盧懷慎作;(5) 殿中臨姜皎作;(6) 吏部尚書崔日用作;(7) 紫微侍郎蘇頲作;(8) 黃門太郎李義作;(9) 工部侍郎姜晞作;(10) 兵步郎中裴璀作。

這十章是完整的十首律詩。茲錄沈佺期之製作於下:

龍池躍龍龍已飛,龍得光天天不違。池開天漢分黃道,龍向天門入紫微。邸第樓臺多氣色,君王鳧雁有光輝。爲報寰中百川水,來朝上地莫東歸。

由此可以證明律詩是可以入樂的。大概律詩很笨重,入樂的較絕句爲少。絕句是伶俐輕便,易於上口,所以諸書所記載的故實,多爲絕句的。

絕句入樂

絕句入樂,是人所共知的事實。現在我們援引"旗亭畫壁"的故事以見入樂之情形。王灼《碧雞漫志》云:

舊聞開元中,詩人王昌齡、高適、王之渙詣旗亭飲,梨園伶官亦招妓聚燕。三人私約曰:吾輩善詩名。未定甲乙,試觀諸伶謳詩分優劣。一伶唱昌齡二絕句云:……一伶唱適絕句云:……之渙曰:佳妓所唱,如非我詩,終身不敢與子爭衡。不然子等列拜床下。須臾妓唱:"黃河遠上白雲間,一片孤城萬仞山;羌笛何須怨楊柳,春風不度玉門關。"之渙揶揄二子曰:舍奴,我豈妄哉。以此知李唐伶妓,取當時名士詩句入歌曲,蓋常俗也。

又《蔡寬夫詩話》云：

大抵唐人歌曲，本不隨聲爲長短句，多是五言或七言詩。歌者取其辭，與和聲相疊成音耳。予有《古涼州伊州詞》，與今遍數悉同，而皆絕句也。

再者尤袤《全唐詩話》亦記載著當安祿山亂時，李龜年奔放江潭，曾於湘中采訪使筵上唱王維的詩歌，其詞云："紅豆生南國，春來發幾枝。贈君多采擷，此物最相思。"又："秋風明月共相思，蕩子從戎十戰餘。征人去日慇懃囑，歸雁來時數附書。"

這兩首歌很顯明的是五絕與七絕，因之我們可以說唐代絕句即是社會通行的樂詞。

近體詩既然可以入樂，亦可以認爲是唐代詩歌興盛的原因之一。

本章參考書：

（1）謝无量：《中國大文學史》卷六，中華書局。

（2）（日）鈴木虎雄：《唐代試驗制度與詩賦》，《支那文學研究》。

（3）張長弓：《律詩溯源》，未刊。

（4）張長弓：《絕句論述》，未刊。

（5）《舊唐書·音樂志》，開明書店《二十五史》本。

（6）（宋）尤袤：《全唐詩話》，醫學書局。

第十五章　唐代的詩歌(下)

第一節　綺靡派及其反動

詩歌自齊梁以來,因爲文人模仿小樂府,一步一步走向輕艷浮靡的風格,庾信、陰鏗之徒,雖欲稍有改革,然以人少亦不足以挽其頹風。所以到隋文帝時候,李諤上書,痛言文風的靡麗,惜乎隋煬帝又是一個未能免俗的人,選用文士,廣製艷曲,和陳後主的風趣,簡直無甚差別。就在這種提倡下,奠定了初唐詩歌的作風。

綺靡派

唐太宗之愛好文學,已見於上,而本人亦常作艷詩。劉肅《大唐新語》云:

太宗謂侍臣曰:朕戲作艷詩,虞世南便諫曰:聖作雖工,體製非雅。上之所好,下必隨之。此文一行,恐致風靡。

假如太宗是偶爾爲之,虞世南或不致去諫諍,大概太宗愛艷詩,而又常作,臣下亦有賡續作之的。

太宗當日所見賞的文人，上官儀也是其中之一。他的作詩就是風花雪月，情少辭多，研究辭句中有六對八對之別。《詩苑類格》著錄其詩句之六對如下：

（1）正名對——天地日月。
（2）同類對——花葉草芽。
（3）連珠對——蕭蕭赫赫。
（4）雙聲對——黃槐綠柳。
（5）疊韻對——傍徨放曠。
（6）雙擬對——春樹秋池。

上官儀既如此提倡，所以當代作者，如沈佺期、宋之問屬辭浮靡，沒有不受其影響的。上官儀的孫女婉兒，武后、中宗時代，製作亦甚豐富，與其祖父同風，力求新麗。朝廷靡然成風。

在初唐又有王楊盧駱，稱爲唐初四傑的，作文作詩，多沿六朝之習。杜詩所云"王楊盧駱當時體"即是說着這個。内中駱賓王的歌辭，浮靡尤甚。他們可以稱述的是在華麗之中，還帶着骨氣與意象。現在舉王勃《仲春郊外》一首爲例：

東園垂柳徑，西堰落花津。物色連三月，風光絶四鄰。鳥飛村覺曙，魚戲水知春。初晴山院裏，何處染嚣塵。

像這些詩，真是"鬥一韻之奇，爭一字之巧"，煞費苦心寫出的浮華之作。此外如長孫無忌之《新曲》、李義府之《堂堂詞》、劉希夷之《白頭翁咏》等，都是不脱齊梁之風的。

反動派

文風久則弊，弊則必變。詩壇綺靡之風，到陳子昂起而改變之。彼《與東方左史虬修竹篇序》有云：

> 僕嘗暇時觀齊梁間詩,彩麗競繁,而興寄都絕,每以永嘆;竊思古人,常恐逶迤頹靡,風雅不作,以耿耿也。

由這幾句,就可以看到陳氏的態度是以挽頹風爲己任的,故韓愈《薦士詩》詠曰:"國朝盛文章,子昂始高蹈。"又劉克莊詩話亦云:"唐初王楊沈宋擅名,然不脱齊梁之體。獨陳拾遺首創高雅冲淡之音,一掃六代之纖弱。太白韋柳繼出,皆子昂發之。"

按子昂最著名的是《感遇詩》三十首。《皎然詩評》稱其"出自阮公《咏懷》之作,難以爲儔",可謂推崇備至了。張九齡亦有《感遇詩》十二首,同屬於這一派。

此外還有一派反動的,就是通俗的白話詩,白話詩最重要的作者,是王梵志。唐宋人很多稱述王梵志,他的詩集還殘存在世上。關於他的事迹,多是一些神話。詩極其俗俚,缺少藝術之美。

其我手寫我口的態度,是比較可貴的。與那一字一句費煞苦心的文人,相差是如何之大!後來還有寒山、拾得一流人,也都是受着王梵志之影響的。關於這些,在胡適《白話文學史》裏叙述得極爲詳細。

第二節 邊塞派與自然派

開元天寶以後,詩壇上展布出波濤壯觀,作者輩出,各具有獨特的風格,可謂唐代詩歌的黄金時代。這時期的作品,有的是風致澹遠,有的是壯健悲凉,有的是苦吟,有的是閒咏。

各種情調，都變幻在詩篇中，真是一個偉大的時代。現在依描寫的題材和傾向，可以粗略地分為四派去叙述。

邊塞派

這一派的詩，是以豪放健勁之筆，寫悲壯淒涼的情調，發為英雄灑落的壯歌。梁之鼓角橫吹曲辭，可稱為此派的遠流。以半路學詩的高適而言，他曾奏大將軍哥舒翰的書記，作過西蜀的刺史，所以在詩篇上表現出壯烈的情致。因為常在邊塞，所咏之詩，亦以邊塞的情調為多。如他底《別董大》、《塞上》、《登五丈峰》諸作，皆表現出一種壯烈的作風。

開元進士王昌齡，為詩長於七絕，有詩天子之稱。尤其是他的邊塞短歌，幽咽悲壯。如他底《出塞》詩，是很有名的。

再者他寫閨情，亦有可取處。如《長信秋詞》，有人稱為壓卷之作。

天寶進士岑參，是邊塞詩作者最健的一個。因為他半生戎幕，奔走於西陲熱海：城障塞堡，無不經行，所以別的作邊塞詩的，都沒有他內行，他是親身體驗來的。論者謂他的詩，超拔孤秀，度越常情，讀之令人慷慨懷感。像他的《天山雪歌》、《火山雲歌》、《贈酒泉韓太守》、《熱海行》等，都含有十足邊塞之情調的。如《趙將軍歌》寫邊塞將士的生活，是極活躍的。

此外如王之渙的《涼州詞》、王翰的《涼州詞》、李頎的《古從軍行》等都可以説是邊塞派的作品。

自然派

自然派的遠源，要上溯於陶淵明，陶氏之稱為自然詩人，已見於前。到唐代以後，就有不少的人來學陶氏的作風，孟浩然就是一個。孟氏是襄陽人，四十歲時應進士試不第，後來在張九齡幕中做官，彼此唱和，以詩自適。他死於開元末年，約當公元740年左右。孟氏的詩有意學陶，但擺脫不掉律詩的勢力，所以稍近於謝靈運。其《過故人莊》、《夜歸鹿門山》等，都可以稱爲代表作。

王維本來是一個佛教徒，由他取字摩詰亦可以看出。晚年隱居輞川，於奉佛之餘，多吟咏山水。他的朋友裴迪、儲光羲等，與他往來唱和。《舊唐書》稱他："嘗聚其所爲田園詩，號《輞川集》。"可見他是有意做田園自然詩人呢。

裴迪是關中人，《唐書》稱他爲王維的道友。到後來做蜀州刺史。他的詩也在《輞川集》裏。

還有儲光羲，他是兗州人，開元十四年的進士，後官至監察御史，其詩源出於陶潛，質而不俚。(見《四庫簡明目錄》)。

李白是唐之宗室，因爲居性傲放，不容於朝，遂做一個山林隱士，自適於天地間，足迹遍名山，因之山水的咏作極多。他的天才高，見解也高，真能欣賞自然的美；而文筆又復恣肆豪放，不受任何的拘束，所以他的成就很大。如他的《山中問答》、《獨坐敬亭山》、《自遣》等作，皆爲極佳美的自然咏歌。

生於開元死於大歷的元結，他是河南人。詩文裏多關心社會狀況的作品，亦多山水咏寫的作品。意態閒適，能用樸素的語言描寫對於自然的欣賞。如《石魚湖上作》、《無爲洞口作》等皆極可愛。

再稍後一點，一個歌咏自然的詩人，是韋應物，其詩作閒淡簡遠，人比之陶潛，故亦有以陶韋并稱的。

又有一位苦命的文人，那是死在柳州的柳宗元。他因爲黨王叔文，貶於永州十年。永州的山水佳麗，遇着了悒鬱的南逐之客，自然要歌咏自然了。如他底《江雪》之類，便是千古的名作。

由以上略舉之例來看，足以表示當時的一種趨勢，亦可以知道佛教思想之深入人心，使一般人承認自然的宇宙論與適性的人生觀。

第三節　社會派、怪誕派與脂粉派

社會派

自天寶十四載，安祿山變亂以來，兵連禍結，天下鼎沸，人民陷於水火之中。偉大的詩人們，將自己所身受的，所觀察到的，一一捉進詩篇中。這便是社會派的詩人，以杜甫爲代表作者。

在安祿山變亂以前，他正是壯年，頗有功名的思想，想做一個致君於堯舜的重臣，那時候他想不到自己會成功一個不朽的詩人。到社會變亂以後，引起他悲天憫人的心腸，於是把苦難的時代，儘量裝進詩囊裏去。最著名的詩篇，便是"三吏"與"三別"，把當日的戰亂，如畫地繪在紙面上。

他的這些作品，全根據於他偉大的同情心。他那《茅屋爲秋風所破歌》，就可以見到他所見者大，不唯感到自己的困苦，而且感到他人的困苦。

在晚年的作品，生活雖窮，畢竟是安定了。所以寫詩已多趨於游宴之樂，閒適之作了。如《秋興》等作，即是這一期作

第十五章　唐代的詩歌（下）

品。

　　杜氏寫詩不苟，是可以提到的。他常說："文章千古事，得失寸心知。"又說"語不驚人死不休"，這都可以見到他寫詩態度之慎重。

　　後於杜甫，堪稱爲社會派詩人的，白居易是一個。他的詩可剖爲四方面看：(1) 諷諭；(2) 閒適；(3) 感傷；(4) 雜律。

　　他最看重的是諷諭詩的新樂府五十篇，凡九千二百五十二言。其自序云："總而言之：爲君，爲民，爲物，爲事而作，不爲文而作也。"這可見他作詩之主旨了。所以如《賣炭翁》、《新豐折臂翁》、《秦中吟》十首等，都是表現着社會的病。

　　在閒適感傷的詩中，也有許多感情眞實的作品，如《長恨歌》、《琵琶行》之類，而且對於後代也有極大的影響。

　　居易的詩風，平易明暢，是其特點。傳說日常作詩，總有老嫗爲他聽解，如若老嫗聽不懂，那是不能認爲定稿的。

　　白氏有一位詩友，順便也說在這裏，他是河南人元稹。元白的詩，天下傳諷，號元和體。宮中妃嬪皆習誦於口，稱之曰元才子。他的詩約可分之爲兩大類：

(1) 諷詩 { 古諷 / 樂諷 / 律諷 }　　(2) 非諷詩 { 古體 / 律體 }

　　當日他的詩與白氏的詩流傳極廣，元稹《白氏長慶集序》云："予於平水市中，見村校諸童競習詩，召而問之，皆對曰：先生教我樂天微之詩，固亦不知予之爲微之也。……自篇章以來，未有如是流傳之廣者。"由此可知元白的詩，當日風行天下。元氏有名的詩如《連昌宮詞》、《織婦詞》、《田家詞》等均是。

怪誕派

中唐以後，詩歌又開辟出新的境地，無論用字、押韻、取材、作法，皆以奇僻怪誕爲特色。韓愈是一個文章改革運動家，能文而不能詩，當日稱韓筆孟詩可以知道。韓愈爲詩雖時爲有韻之文，其獨特處，在另闢一徑：愛用奇辭險句，力出陳言。歐陽公稱爲因難見巧，愈險愈奇。所以如此的，大概由於爲文之影響的。還有的說，他是專學杜甫之奇險處的。他的詩作如《嗟哉董生行》、《答孟郊》等是。

和韓氏同道的，有盧仝、孟郊、賈島、李賀諸人，他們都是刻意求工，要險峻，要寒瘦。盧仝自號玉川子，與韓愈同唱和。

與韓愈爲忘形交的孟郊，長於五言，不作長詩，字字出之以苦思的。他喜寫窮愁之狀，喜繪寒饑之態，如他的《寒地百姓吟》、《饑雪吟》、《出東門》、《寒溪》等都是。故古人評他的詩爲"郊寒"。

與孟郊齊名的賈島，最初被賞識於韓愈。"推敲"的字眼，便是由他作詩而來的。他曾經作過兩句詩，自注道："二句三年得，一吟雙淚流。知音如不賞，歸臥故山秋。"這可以見到他苦吟之狀。

又李賀七歲能作《高軒過》，辭多奇詭，未嘗得題，然後爲詩。人稱爲鬼才。

脂粉派

到晚唐因爲五七言詩已發達到極峰，所以又分化出脂粉派來。這一派以李商隱、溫庭筠爲首領。商隱詩以華艷稱。《唐才子傳》評爲：

如百寶流蘇,千絲鐵網。綺密瑰妍,要非適用之具。

此可見其用筆之細密。他有不少戀愛詩,都寫着"無題"。又常用詩中的頭二字爲題,如《錦瑟》、《爲有》、《一片》等是。

溫庭筠呢,詩律詞藻與李商隱相同。幼年敏悟,有文名;唯行爲不檢,爲當時人所輕。他的作品儘是俳辭艷曲,真是斑斕輝煌。他詞的成就比詩還大,俟下章再述。

在溫李稍前的一位小杜,叫杜牧的,也是一位秀麗的作家。他爲人浪漫不拘,曾有"十年一覺揚州夢,贏得青樓薄倖名"的艷語。

在溫李以後,韓偓、段成式、吳融、唐彥謙、皮日休、陸龜蒙等都深受溫李之影響的。至於宋代,西昆詩派之形成,也以溫李爲宗。

本章參考書:

(1)(清)席啓寓刻:《唐百名家集》。

(2)(宋)尤袤:《全唐詩話》,《歷代詩話》本。

(3)胡適:《白話文學史》十一章、十三章、十四章、十六章,新月書店。

(4)謝无量:《中國大文學史》卷六、卷七,中華書局。

第十六章　唐代的傳奇

第一節　傳奇興起的背景

　　唐代是詩歌絢爛的時代，也是傳奇蔚然興起的時代。這些傳奇在唐代文學史中放一異彩，其價值堪與詩歌并稱。而影響於後代的更大，元明間多少北劇南曲，全依據於此而演變成的。推究其興起背景，不外以下的數種原因：

古文的振興

　　傳奇在隋唐間已有踪迹，到大曆元和以後纔至於鼎盛。而促成其生長的，要歸功於韓柳等的古文運動。古文運動的目標，在打倒那古典派的駢儷文，因為駢儷文只知道注意字句，偏重形式，對於敘述狀物都不是適宜的工具。為古文的要辭必己出，要言之有物，為文時無形中鑄成一種新的姿態。他們既然承受了前代小說的遺產，又得到文體之新的解放，自然會走上一條新的途徑，柳宗元是描寫客觀的山水文學的聖手，他的游記清儁可誦，前人美之曰無韵之詩。柳氏山水游記文

第十六章 唐代的傳奇

之所以成功，多半由於新體之解放。在敘事文之發展，便是傳奇的製作。譬如沈既濟是一位著名傳奇的作者，他是受古文派蕭穎士影響最大的。又沈亞之是韓愈的門徒，韓愈自己也寫着游戲文章《圬者王承福傳》、《毛穎傳》之類，柳宗元亦有《種樹郭橐駝傳》、《梓人傳》等的製作。其他陳鴻、元稹、李公佐之徒，皆直接或間接與古文運動有關。所以我們說傳奇的興起與文體的解放是有關係的。

時代的促成

唐代在中葉以後，藩鎮節度使非常跋扈，割據一方不奉天子之命。既然各有獨立趨勢，於是爲了自衛與發展，各蓄死士，以從事暗殺，劍俠得以橫行天下，成爲一時的風尚。例如元和十年刺客殺宰相武元衡，傷及裴度。開成三年盜刺宰相李石，馬逸得免於難。前者是鎮州節度使王承宗所遣，後者爲宦官仇士良所遣。就是楊巨源的《紅綫傳》也是借潞州節度使、魏博節度使、滑臺節度使三鎮的情勢，內中貫以紅綫的，所以劍俠的傳奇，就一日多一日。

到了唐之末葉，軍人益爲橫暴。互相吞幷、戰爭，天下騷然，民間受苦益甚。於是在無可奈何之中，有些富於思想的文人，便造作出種種劍俠的故事，聊以解恨。以橫絶無敵的精技來除暴安良，來報仇雪恨。

再者鬼神志怪的小說，已盛行於南北朝，到唐代佛教的勢力未衰，道教的勢力擡起頭來。所以志怪的記載也不斷的產生。

楊貴妃也是一件藝術品，她生前的嬌艷與死後的悲慘，給與文人們不少的哀悼與歌詠。自她的事迹公布天下以後，遂啓出佳人才子派的傳奇。有些文人們寫自己的風流韻事，有些文人們陳述傳說的故事,還有的假藉故事以寄托作者之情懷。這是艷情派傳奇之所由生。

第二節　傳奇的類別

別傳

　　別傳是關於史外的逸聞。據記載較早的是關於隋煬帝的事。有《海山記》、《迷樓記》、《開河記》,見於《唐人說薈》,題韓偓撰。《四庫全書提要》收於存目中,以其文詞鄙俚,斷爲宋人依記之作。

　　次一點是《李衛公別傳》,見於《古今說海》,作者佚名,這是叙述李靖微時到龍宮的故事。龍母托他降雨,於是乘雲御風,刹時登天,後以違背龍母的吩咐,把他的故鄉降到二十尺深的雨水,在滴雨這一段文字寫得很是出色。還有一篇《虯髯客傳》,明人誤爲張説所作,實在是蜀道士杜光庭所寫的。寫李靖怎樣認識紅拂妓,紅拂妓投奔之後,又逃往太原,道遇虯髯,并見李世民。筆墨生動,情境并達。

　　陳鴻撰的《東城老父傳》,見於《唐人說薈》。這是記載玄宗時代盛行的鬥鷄之事。賈昌是一個少年,善解鳥語。以鬥鷄爲玄宗所寵愛,稱爲"神鷄童"。內中以清明節賈昌在驪山溫泉宮指揮鬥鷄一段描寫得最好。洪邁評論這篇傳奇云:"讀此傳,玄宗全盛,儼然在目,至寫昌一段,去國失寵,尤足寓凄感也。"

關於玄宗的記載，有郭湜的《高力士傳》、曹鄴的《梅妃傳》、陳鴻的《長恨歌傳》、樂史的《太真外傳》等，見於《唐人說薈》。《高力士傳》無奇可述，頗近於實錄。《梅妃傳》是敘述玄宗寵妃江采蘋的事。采蘋來自南方，入宮以後，得擅專房。楊貴妃入宮，愛寵見衰，作《樓東賦》以寄意。安祿山亂後，死於亂兵之手。《長恨歌傳》與《太真外傳》都是記楊貴妃的故事。玄宗與貴妃的情愛，是千古詞壇的佳話，這裏也不用再說。

劍俠

《紅綫傳》見於《唐人說薈》，題楊巨源撰。然此篇亦見於袁郊的《甘澤謠》中，想爲袁氏作品。紅綫原來是潞州節度使的婢女，聽說魏博節度使要用兵北犯，於是南下探求虛實。夜三更時分，忽聞曉角吟風，一葉墜落，紅綫業已歸來。原來紅綫會飛行術，一舉走七百裏。到了魏博，把節度使枕頭內所放置的金盒取了出來。潞州節度使復將金盒送還，於是兩方議婚，戰爭得免。到節度使臥室內偷盒子的時候，記事極其精細，文字亦甚生動，有如看活動電影一般。

《劉無雙傳》見於《唐人說薈》，題薛調撰。無雙幼年許嫁於表兄王仙客。後以兵亂，無雙被召入宮，仙客號呼欲絕。未幾無雙被遣爲守候園陵，仙客得瞥見無雙之姿，遂請義俠之士古押衙爲之設法。後來古押衙以非常手段殺了無雙，把死屍送交仙客，灌以湯藥又蘇生了。此篇文筆雖甚佳，惟事出離奇。

《聶隱娘》見於段成式的《劍俠傳》。敘述隱娘夫妻被魏帥遣使取劉昌裔之首。隱娘一去不返，爲劉昌裔所用。魏帥復遣精精兒、妙手空空兒前往，皆被隱娘所斃。未幾，隱娘他去。

文章簡古生動。

艷情

唐代傳奇，尤以艷情的爲膾炙人口，因爲這是人生的事實。如《霍小玉傳》就是詩人李益的事，此篇見於《太平廣記》（四八七），題爲蔣防撰。李益及第之後，自矜風流，思得佳偶。小玉經人介紹，得賦同居之樂。後李益赴任東歸，父母已代聘盧氏女爲妻。小玉在長安，久不得益信，思念成病。迄李益與盧氏相伴至長安，詭避小玉，使不得知。後遇一豪士，強李益至小玉家，小玉已奄奄一息矣。小玉怨恨異常，責益負心，痛哭氣絕。後李益三次換婦，皆未偕老。

《李娃傳》是白樂天季弟白行簡所作的，見於《唐人說薈》。與《霍小玉傳》可以稱爲雙璧。寫滎陽公之子在京應試，一日出游，與李娃見，生神魂顛倒，卒得相識。自此日與游處，資財蕩儘。娃之姥設計與生脫離。生無計可出，憂憤成疾，衣食無着，傭人作葬歌。後被其父得知，痛毆之，棄之於野。遂沿門乞食。一日偶過娃門，娃爲心動，於是求生同居，復勸生勤讀，不數年間，及第第一，娃與生皆顯貴了。

《章臺柳傳》見於《唐人說薈》，題許堯佐撰。此篇是叙述詩人韓翃的故事。本於孟棨的《本事詩》。韓翃在落魄時，其友人贈以寵妓柳氏。迄及第後，適安禄山亂，京師大騷動，翃返家省親。亂平後，遣使求柳氏，柳氏已爲蕃將沙叱利所奪。翃聞之後，悵然不樂。有任俠的許俊，馳馬沙叱利家，得柳氏而去，柳氏得與韓翃重續舊好。

此外元稹的《會真記》、張文成的《游仙窟》，皆屬於此類，略而不舉。

神怪

《柳毅傳》見於《唐人説薈》，題李朝威撰。説是柳毅在涇陽見一美人，係洞庭龍君的女兒，嫁於涇川君之次子。因爲舅姑虐待，日夜悲苦，請柳毅帶一封信回去。後來直至龍宫，洞庭君見書流涕，一宫慟哭。洞庭君之弟錢塘君喚風起雲，劈青天飛走。殺了涇陽君的兒子，帶回了龍女。錢塘君乘着酒興想把龍女配毅，毅辭不受，帶了珍寶出了龍宫，毅遂成了富翁，兩次娶婦皆亡。第三次娶一盧氏女，即洞庭君的愛女。後夫婦并成神仙。

《南柯記》見於《唐人説薈》，題李公佐撰。大意是説淳於棼在槐樹之下晝寢，忽爲槐安國王的女婿，統治南柯郡的一個夢。槐安國即蟻之世界，如讀《莊子》、《列子》的寓言一般，很覺有趣，是譏諷人生之營營逐逐的。棼既從夢中醒來，與二客查看蟻穴一段，寫得極爲精細。

《枕中記》見於《唐人説薈》，題李泌撰。是叙述盧生《邯鄲夢》的故事。盧生在邯鄲旅舍，借仙翁之枕而寢，在夢中過了五十年的榮華。長夜夢醒，仙翁在旁，主人蒸黃粱之飯尚未熟，意即五十年的榮華，實不過黃粱一炊之夢而已。在干寶《搜神記》中，有焦湖廟祝以玉枕使楊林入夢事，或爲此篇所本。

此外又有鄭還古的《杜子春傳》。子春是一個窮鬼，常常爲了饑餓，仰天長嘆。適有老人給以錢三百萬任其揮霍，二年之後，又變成赤貧。老人復給予錢一千萬，三四年之後，又揮霍净儘了。老人又第三次給予錢三千萬，子春大爲慚愧，儘把錢投於慈善事業，振給孤孀，或助人婚姻葬祭。一年後，子春訪老人於華山，經種種試驗，纔至於仙化。此篇與《大唐西域記烈士池》一則，所叙大旨相同。又以《古今說海》裏有《韋自東傳》(《太平廣記》三五六亦見)所記載的故事亦完全相同。

若黄甫枚的《非烟傳》、陳元祐的《離魂記》等，皆略而不及了。

第三節　傳奇的影響

元明以後的北劇南曲，取材多由於唐之傳奇，假如無唐之傳奇也許減少了劇曲的色彩。所以唐之傳奇影響於後代是很大的。現在舉例分析於下：

(1)《長恨歌傳》——後人依據此而製作的有：
　　A.《天寶遺事諸宮調》——元王伯成作。
　　B.《唐明皇秋夜梧桐雨》——元白樸作。
　　C.《綵毫記》——明屠隆作。
　　D.《驚鴻記》——明吳世美作。
　　E.《長生殿》——清洪昇作。

(2)《霍小玉傳》——後人依據此而製作的有：
　　A.《紫釵記》(《玉茗堂四夢》中)——明湯顯祖作。

(3)《李娃傳》——後人依據此而製作的有：
　　A.《曲江池》——元石君寶作。
　　B.《綉襦記》——明薛近兗作。

(4)《會真記》——後人依據此而製作的有：
　　A.《鶯鶯歌》(存《董西廂》中)——宋李公垂作。

B. 《商調蝶戀花》——宋趙德麟作。

C. 《西廂搊彈詞》——金董解元作。

D. 《西廂雜劇》——元王實甫作。

E. 《西廂傳奇》——明李日華作。（此外又有《翻西廂》《續西廂》等。）

(5)《南柯記》、《枕中記》——後人依據此而製作的有：

A. 《南柯記》、《邯鄲記》（《玉夢堂四夢》中）——明湯顯祖作。

(6)《離魂記》——後人依據此而製作的有：

A. 《倩女離魂》——元鄭德輝作。

(7)《虬髯客傳》——後人依據此而製作的有：

A. 《紅拂記》——明張鳳翼作。

B. 《虬髯翁》——明凌初成作。

(8)《柳毅傳》——後人依據此而製作的有：

A. 《柳毅傳書》——元尚仲賢作。

B. 《張生煮海》（見《元曲選》）——元李好古作。

C. 《蜃中樓》（見《十種曲》）——清李漁作。

略舉如上，此外遺漏當亦不少。

本章參考書：

(1)（宋）李昉等：《太平廣記》五百卷，《筆記小說大觀》本。

(2) 魯迅：《唐宋傳奇集》，北新書局。

(3) 魯迅：《中國小說史略》八、九兩章，北新書局。

(4) 鹽谷溫：《中國文學概論講話》六章三節，孫俍工譯，開明書店。

(5) 鄭振鐸：《插圖本中國文學史》二十九章，樸社。

第十七章 唐五代的詞

第一節 詞的興起

詞爲詩餘説

　　詞在舊日亦稱爲詩餘,因爲認它是由詩篇中蜕生出來的。怎樣蜕生,便是説從泛聲處填上實字。我們考察主張此説最早的是《朱子語類》。《語類》卷一百四十《論詩》云:
　　古樂府只是詩,中間却添許多泛聲。後來人怕失了那泛聲,逐一泛聲添個實字,遂成長短句,今曲子便是。
　　後人常襲用此説,如《全唐詩》之編者關於詞下注云:
　　唐人樂府,元用律絶等詩,雜和聲歌之。其并和聲,作實字,長短其句,以就曲拍者爲填詞。
　　此説影響於日本亦大,森氏槐南《詞曲概論》即從其説。如云:
　　唐之絶句皆可歌,惟其千篇一律,厭倦生而和聲起。和聲者,同一絶句,而生節奏長短之别。……於此已知者一點,即文字中仍存在一種填聲的文字。七言四句之外,以聲之長短參差隨填以實字與本詩相聯絡。後人但由其字數去尋繹,樂工之譜雖亡,其曲調猶仿佛能得見者。此填詞倚聲之學之始興也。

這便是説詞由詩而起,把詩之原詞間附加以聲音。再於聲音的部分,填以有意味的文字。及歌法遺亡,遂有填詞。

此外亦有詩詞并存説的,見於汪森、朱竹垞《詞綜序》。彼以爲古詩之與樂府,近體之與詞,是分鑣并騁,非有先後。汪氏之意,以有詞之形式者,皆可謂之詞,即以爲凡是長短句之形式的皆可以稱爲詞。顯然的,他忽略了可以歌唱的條件。

新興樂曲之盛

玄宗是有音樂天才的,而又愛好音樂,所以在盛唐時代,新興的樂曲很多,詞體之興起,亦當由於這種原因。據晚唐南卓的《羯鼓錄》上稱玄宗所製之曲,有《諸調曲》,有《色俱騰》、《乞婆婆》、《耀日光》等九十二曲名。崔令欽《教坊記》,關於唐之東西兩京之左右教坊,其中曲名,錄有《獻天花》、《和風柳》以下凡三百三十四種之多,此等樂曲雖亦有前代的,而盛唐時新興音樂之盛,可以得知。在這種情形下,在音譜上填入合適的文字,那是可能的。

《長命女》一曲,開元前已有。大曆間,樂工增減節奏,宜春苑女張紅紅又正一聲,見王灼《碧雞漫志》。考《樂府詩集》載其歌詞爲岑參五律之前半。《河滿子》一曲,爲開元中滄州歌者臨刑所進之曲,唐文宗時宮人沈翹翹歌此曲,中有"浮雲蔽白日"之句。想爲適合其曲調,而截取古詩的一部分。又有《囉嗊曲》爲陳後主以來之曲,中唐越州之妓劉采春能歌之,所歌爲五言絶句。大概原曲之節，合於五言絶句之故。因之，我們可以説，如某曲辭是五七言絶句，是五七言絶句合於某曲，其絶句并非表示某曲的音節。

由此，我們可以知道，唐代用的樂曲，是非常復雜的，在其間，也常用五七言的律絶詩。到後來便專門稱這種可以入樂或合之管弦的歌詩爲"詞"，即樂曲之辭的意思。故辭中也有《南柯子》、《三臺令》、《小秦王》、《瑞鷓鴣》、《竹枝》、《柳枝》等曲，原來都是七言的律絶體。當然的在律絶以外，適應於樂曲的還有不少的詞。至於説由泛聲中填以實字，那是根據五七言的近體詩而加以想象的話。要知詞之起，是適應於樂曲的緣故。

第二節　唐代詞作的考察

詞調之起

詞的興起既由於新興樂曲的觀念，則詞作最早不能過於盛唐的。普通以爲李白的《菩薩蠻》、《憶秦娥》二詞爲詞之鼻祖，不過這兩首却靠不住是李白作的。考此詞之來歷，釋文瑩《湘山野録》有云：

初寫於鼎州滄水驛樓上，宋魏泰（道輔）愛之。後至長沙，得《古風集》於曾子宣内翰家，乃知爲李白所撰。

明胡應麟亦疑此詞，以爲太白詩集名《草堂集》，宋人撰填詞曰《草堂詩餘》是詞集中有唐無名氏二首，遂以爲白作，見

《莊嶽委談》下,并言是詞當爲晚唐之作。按蘇鶚《杜陽雜編》卷下云:

大中初,女蠻國貢雙龍犀……其國人危髻金冠,瓔珞被體,故謂之菩薩蠻。當時倡優,遂製《菩薩蠻》曲,文士亦往往聲其詞。

依此,《菩薩蠻》爲宣宗大中之初,寫女蠻國人之狀貌的,其曲辭當亦起於此時,李白不應有此製作。李氏又有《清平樂令》、《桂殿秋》等,亦難遽信。

盛唐宋肅宗時之張志和作《漁父詞》。其辭曰:"西塞山前白鷺飛,桃花流水鱖魚肥,青箬笠,綠蓑衣,斜風細雨不須歸。"此近於七絕,唯於第三句析爲三言二句,在志和是發於自然的《漁父歌》,後人用此調造爲《漁歌子》。

詞調漸備

中唐有稱爲"三臺體"的,是六言四句。韋應物、王建諸人作。又有所謂《調笑令》(一名《宮中調笑》,一名《轉應曲》)的,二語相重而起爲四言句,次以六言承之三句,再顛倒第四句之末二字用四字句,最後又用六字句押四字句之韻,總成六句。韋應物、王建、戴叔倫皆有其辭。王建《三臺令》云:

池北池南草綠,殿前殿後花紅。天子千秋萬歲,未央明月秋風。

韋應物《調笑令》云:

河漢河漢,晚掛秋城漫漫。愁人起望相思,塞北江南別離。別離,別離,河漢雖同路絕。

此調詞意帶悲,同音反復曲折間,生滑稽之趣味。此調名之所由起也。

此後至白居易、劉禹錫，詞體漸備。白有《花非花》、《憶江南》、《長相思》，劉有《春去也》、《瀟湘神》。韓翃的《章臺柳》，又全類《瀟湘神》。再者劉白二人擬作民間的歌詞，有《竹枝詞》、《楊柳枝》之類，後人亦作爲詞調用。

　　詞在唐末已完全成熟了，第一位大作家是溫庭筠。他在詞壇上開創一大派別，以綺靡側艷爲主格，以有餘不足，若可知若不可知爲作風。所謂花間派，即以他爲宗，《花間集》内錄其詞有六十六首之多。庭筠本是一位音樂家，《唐書》稱他："能逐弦吹之音，爲側艷之詞。"所著有《握蘭》、《金荃》二集。惜《握蘭集》早亡，今《彊村叢書》内之《金奩集》恐已非原本了。

　　今《花間集》内體製達十八調之多。其新創各調有：《南歌子》、《荷葉杯》、《蕃女怨》、《遐方怨》、《訴衷情》、《定西番》、《思帝鄉》、《酒泉子》、《玉胡蝶》、《女冠子》、《歸自謠》、《河瀆神》、《河傳》等。這些多自五七言詩句法產出，與五七言詩句法離異，足見溫氏能解聲曲，所以能製新調的。

　　溫庭筠之後有韓偓，他的詩作，稱爲香奩體。詞亦如其詩，深受溫庭筠之影響的。

　　同時皇甫湜之子皇甫松，也是一個詞的作者，《花間集》錄其詞十一首。作風與庭筠有別，具疏朗之致。在《花間集》内，他有一首有意味的詞是《采蓮子》："菡萏香連十頃陂（舉棹），小姑貪戲采蓮遲（年少）。晚來并水船頭溼（舉棹），更脱紅裙裹鴨兒（年少）。"這是一種和聲之例，棹與少爲押韻字。不過這種和聲，是歌唱時的情形，與前文稱和聲處填一實字之說并不符合，或者填實字之說即由此而附會的。

第三節　五代詞一（《花間集》）

陸游《花間集跋》云：

詩至晚唐五季，氣格卑陋，千人一律。而長短句獨精巧高麗，後世莫及。此事之不可曉者。

原來五代文運萎敝，他無可稱，惟詞體盛行一時，尤以西蜀南唐爲最。西蜀的詞，備見於趙崇祚所編的《花間集》中。此集所錄共十八人，除溫庭筠、皇甫松外，幾全爲西蜀人，都五百首。據歐陽炯序署："時大蜀廣政三年"，是此集編成在公元940年，已居五代之後半葉了。

因爲集名《花間集》，所以亦稱爲花間派的詞。他們以溫庭筠爲宗教主，作風是深邃曲折，迷離惝恍。現在略爲分析於下：

君后詞

當日蜀主有頗能寫詞的，如前蜀後主王衍有《醉妝詞》、《甘州曲》等詞。吳任臣《十國春秋》云：

蜀主衍奉其太后太妃禱青城山，宮人皆衣雲霞之衣。後主自製《甘州曲》，令宮人歌之。本謂神仙而在凡塵耳。後降中原，宮伎多淪落人間，始驗其語。

按《甘州曲詞》云：

畫羅裙。能結束，稱腰身。柳眉桃臉不勝春。薄媚足精神，可惜許淪落在風塵。

又後蜀後主孟昶有《玉樓春詞》:"冰肌玉骨清無汗,水殿風來暗香滿。"爲人所稱道。又《十國春秋》謂後主有《相見歡詞》甚工,惜早已不傳。蜀主以外,諸宮妃亦多能詞。如李昭儀舜弦能詞。舜弦爲李珣之妹,衍之昭儀,嘗作宮詞,見於黃休復《茅亭客話》。又有李玉簫亦衍之宮人,能歌衍宮詞,見於《五代軼事》。

又後蜀亡,花蕊夫人費氏作《采桑子詞》,題霞萌驛壁上。至宋又有"四十萬人齊解甲"之作,見於陳繼儒《太平清話》。

蜀中君主后妃既然獨愛好詩詞,宜乎許多詩人都集於蜀地。

中堅作者

花間集中十餘位作者,我們只能揀其重要的略述二三。韋莊是一個大作家,他的《秦婦吟》詩一出來,時人稱之爲"《秦婦吟》秀才",可見其詩的動人。他的詞,亦雋逸可喜,有《浣花詞》收於《王忠慤公遺書》內。他善於寫婉戀的離情,在"花間派"中算是頂重要的作者。相傳他的愛姬爲王建所奪,莊曾作《荷葉杯》一詞,姬見此詞,不食而死。如其《女冠子》、《菩薩蠻》,皆爲有情思之作。

牛嶠、牛希濟叔姪二人,亦仕於蜀,在《花間集》中嶠之詞有三十餘首,其胞姪之詞僅存十餘首。嶠之詞有俗俚語,似受民歌之影響不少。希濟之作,有大家風。

魏承斑的詞,有《瓊瑤集》一卷,可惜已不存。他的詞在《花間集》存十五首,作風明白曉暢。故《柳塘詩話》云:"承斑詞較南唐諸公更淡而近,更寬而儘,人人喜效爲之。"如《滿客花》、《浣溪紗》等作皆佳。

此外和凝是在蜀中的老官僚,《花間集》作二十首,所作詩文甚富。少好爲曲子,布於汴洛之間,及入相,契丹號他爲"曲子相公"。他的作風直率,《柳枝》、《薄命女》之類皆佳。

孫光憲的詞在《花間集》中存六十首,著有《北夢瑣言》及《荆台》、《筆傭》諸集。他的詞與溫庭筠、韋莊之作,同樣的佳妙。如《浣溪紗》、《漁歌子》,皆爲孫氏優美的作品。

五鬼

當時作者有稱爲五鬼的,他們是歐陽炯、鹿虔扆、閻選、毛文錫及韓琮。所以稱爲五鬼,是當代人不尊崇他們。除韓琮外,在《花間集》內毛氏有詩三十一首,歐陽炯有詩十一首,鹿虔扆有詩六首,閻選有詩八首。毛氏之詞,葉夢得評爲"流於率露",因其用筆多淺率。內中惟歐陽炯堪稱一大作家,色采鮮妍,刻畫小兒女的情態,尤爲動人。

第四節　五代詞二(《尊前集》)

五代詞壇,除西蜀外,又有南唐諸作家。西蜀作品多收在《花間集》內。南唐的作品,多收在《尊前集》內。《尊前集》,《四庫提要》不著撰人姓氏。按朱彝尊《詞綜》,據毛晉跋,稱顧梧芳撰。《尊前集》共著錄九家,都三十三首。現在略述於下:

君主詞

第一個要說的是後唐莊宗(李存勖)。他即位之後,酷愛音樂,常常自製曲子。《新五代史》(卷四、卷五)有云:"既好俳優,又知音能度曲。至今汾晋之俗,往往能歌其聲,謂之御製者皆是也。"既能度曲,作品當不在少,惜無人收輯,都散亡了。有《憶仙姿》、《一葉落》、《陽臺夢》、《歌頭》等。

南唐中主(李璟)有《浣溪紗》、《山花子》等詞。嘗與馮延巳相謔,有"小樓吹徹玉笙寒"的佳話(陸游《南唐書》)。其《攤破浣溪紗》詞云:

菡萏香銷翠葉殘,西風愁起綠波間。還與韶光共顦顇,不堪看。細雨夢回鷄塞遠,小樓吹徹玉笙寒。多少淚珠何限恨,倚闌干。

王國維《人間詞話》,獨賞識其前兩句,以爲"大有衆芳蕪穢,美人遲暮之感"。

南唐後主(李煜)在詞壇是有特殊的地位。《人間詞話》以爲:"詞至李後主而眼界始大,感慨遂深,遂變伶工之詞而爲士大夫之詞。"又曰:"詞人者,不失其赤子之心者也。故生於深宮之中,長於婦人之手,是後主爲人君所短處,亦即爲詞人所長處。"這把後主詞之特點以及其詞之背景,都道了出來。他與中主詞在一塊兒,有《南唐二主詞集》(《晨風閣》本,《名家詞》本)。

後主的詞作可以分前後兩期去看。前期的作品是由繁華歡樂的生活中産出,如《一斛珠》、《子夜歌》諸詞,綺麗婉妙。後期是亡國之後,日坐困城之中,詞句皆從血淚中迸出,如《破陣子》、《虞美人》、《望江南》、《浪淘沙》等是。

文人詞

成彦雄與馮延巳同時。在《尊前集》内,彦雄有《楊柳枝》

詞十首。如"馬驕如練纓如火,瑟瑟陰中步步嘶",意境高遠。

馮延巳(一名延嗣)很得後唐中主的信任,有《陽春集》一卷傳世。其詞蘊藉渾厚,并不一味以綺麗為歸,堪與韋莊媲美。其《謁金門》詞云:

風乍起,吹縐一池春水。閒引鴛鴦芳徑裏。手挼紅杏蕊。鬥鴨闌干獨倚,碧玉搔頭斜墜。終日望君君不至,舉頭聞鵲喜。

語雖淺近,情至深厚,較之五色斑斕之作,有過之而無不及。

其他作者,可以略而不及了。

本章參考書:

(1) (後蜀)趙崇祚編:《花間集》,《四部叢刊》本。
(2) (明)顧梧芳編:《尊前集》,《詞苑英華》本。
(3) (清)成肇麐選:《唐五代詞選》,商務印書館鉛印本。
(4) (日)鈴木虎雄:《詞體講話》,《支那文學研究》日本版。
(5) 劉毓盤:《詞史》,上海羣衆圖書公司。
(6) 王國維:《人間詞話》,文化學社。
(7) 鄭振鐸:《插圖本中國文學史》三十一章、三十二章,樸社。

第十八章　唐五代的俗文學

第一節　俗文學的發現

發現的歷史

時在 1907 年夏天，有一位爲印度政府做工作的匈牙利人，他的名字叫做斯坦因（A. Steine）。他到中國西部去考古，及進入甘肅境後，風聞敦煌千佛洞石室內，藏有古代各種文字的寫本，於是千方百計，誘騙守洞的王道士，出賣其寶庫。結果他滿載而歸，帶去了二十四箱的古代寫本與五箱的圖畫繡品及他物，統是無價之寶，而寫本在中國文化上關係尤大。

這是何等驚人的消息，法國政府聽說之後，立即特派伯希和（Paul Pelliot）向中國甘肅進發，到千佛洞又是帶了很多的文物走了。這時候昏庸的中國政府注意了，纔行公文到甘肅去提取，除掉寫本佛經外，重要的東西，已所餘無幾了。

斯坦因是一個貪心不足的人，不久又來第二次，以重價在民間收求，所以王道士的私藏，也就送上斯坦因的手了。寶藏的千佛洞遂空無一物了。

卷數

除他種文字寫本外，漢文的寫本，在倫敦者有六千卷，在巴黎者有一千五百卷，在北平者有八千五百卷。散在私家的尚有不少，但無從得知。這萬卷寫本，尚未全部整理就緒。在倫敦的最重要的一部分，也尚未有目錄刊出，其中究竟有多少寶藏尚不能知道。按寫本所署的年月，最早是在中唐以前的，最晚無後於五代的。

第二節 俗文學的內容及影響（一）

在石室內發現的卷數之多，已如上述。關於俗文學一部分，可以分作變文、民間俗曲及詞調、民間叙事歌曲三項來說。

變文的意義與組織

變文的意義和演義差不多的。就是把古經典的故事，重新再演說一番，變化一番，使人們容易明白；正和流行於同時的"變相"一樣，那是以"相"或"圖畫"來表現出經典的故事以感動羣衆的。

變文的組織，是一部分散文和一部分韻文，與翻譯的佛經完全相同，不過在韻文一部分變化較多而已。佛經的韻文（偈言）都是五言的，而變文歌唱的一部分則采用了唐代流行的歌體或和尚們流行的唱文。有五言、六言、三三言、七言以及三七言合成的十言等等的不同。在一種變文內，也往往使用好幾種不同的韻文，如《維摩詰經變文》多以七言爲主，而常夾入三三言的。又如《大目乾連冥間救母變文》，大體以七言爲主，而又夾雜着六言的。

佛經故事的變文

變文之存於今者，以發現的而言，已有四十餘種，現尚陸續在出現。內中有講唱佛經故事的變文，有講唱非佛經故事的變文。講唱佛經故事的變文，最重要者是《維摩詰經變文》。講唱者把原經放大了很多倍，在文學史上是一部未之前見的長的"史詩"。今所知者，已有二十卷之多，殘缺的尚不知有多少。這位偉大的講唱者，把文字寫得又生動，又工緻。

《文殊問疾》，羅振玉先生處藏有第一卷，叙述佛使文殊到維摩詰處問疾事。佛先在會上，問五百聖賢、八千菩薩，都不敢前去，結果是文殊應命而去。

《持世界》第二卷，叙述持世菩薩堅苦修行，魔王波旬欲破壞其道行，便幻爲帝釋之狀，從二千天女，鼓樂弦歌，來詣持世修行之所，但持世不爲所感等事。其描寫極爲絢麗。

又有《降魔變文》，本於《賢愚經》，叙舍利佛和左師鬥法事，左師凡五次輸敗，遂服佛家的威力，不復與佛爲梗。

此外，《目連救母變文》，也應該提到的。此種變文，大概流行甚廣，所以有數種不同的本子。大意是叙述佛的弟子目連，出家爲僧，藉了佛力，得上天堂。及見父親之後，方知母親在地獄裏受苦。目連經了多少時日，纔把母親救到天堂上。其描寫地獄的慘狀，令人讀後戰懼。

其較簡短的變文，有《佛本行集經變文》、《八相成道經變文》、《有相夫人升天變文》等,首尾多殘缺,亦不知原名爲何。

非佛經故事變文

大概在最初變文是專講佛經裏的故事,但很快地便爲文人們所采取,用來講唱民間傳說的故事了。今所知道的非佛經故事的變文,有《列國志變文》,叙述伍子胥的故事;有《明妃變文》,叙述王昭君和番事;有《舜子至孝變文》,叙述舜的故事。這一部的變文,恐怕是最早把舜的故事傳說化了的,寫歷次的那瞽叟受了後妻的鼓弄,要想設計陷害舜,而舜也每次都能逃脫出來,頗富於神仙故事的趣味,大約其中是附加上了不少民間傳說的成分。

第三節　俗文學的内容及影響(二)

俗曲及詞調

在《彊村叢書》中有《雲謠集雜曲子》一種,凡錄《鳳歸雲》、《天仙子》、《竹枝子》、《洞仙歌》、《破陣子》、《柳青娘》、《漁歌子》、《長相思》、《雀踏枝》等曲子數十餘首(亦見《敦煌零拾》中)。這統是千佛洞裏的寶藏品,當是晚唐五代時期無名氏的作品。以前我們見到晚唐的詞,都是出於有名文人之手,多以典雅爲歸。這些曲子詞,雖然也有典雅語,然民間的土氣還未失去,這是真正民間的詞,如:"塵土滿面上,終日被人欺。"(《長相思》)"不施紅粉鏡臺前,只是焚香禱祝天。"(《竹枝子》)

都可以見其一斑的。

與《雲謠雜曲子》同時發現的，又有《嘆五更》、《孟姜女》、《十二時》等民間雜曲。這些雜曲，至今尚流行於世，想不到淵源是這樣的古。今錄《嘆五更》之一節如下："一更初，自恨長養枉生軀。耶孃小來不教授，如今争識文與書。"此可見其一斑。

叙事歌曲

民間叙事歌曲，今所見者，有《孝子董永》、《季布歌》、《太子讚》等，都是氣魄宏偉的大作，雖然文辭有些粗率的地方，但無害其想象之奔馳與狀寫之活潑的。

《孝子董永》是叙述董永行孝事。民間熟知的二十四孝，便有董永的一孝在着。是叙董永父母死後，無錢埋葬，乃自賣於富翁家。中途遇天女下降，嫁於他爲妻，致富生子後，又騰空而去。全篇皆用七言，別字連篇，間有不成語處。

《季布歌》是叙季布助項羽以敵劉邦。邦得天下後，通緝季布，布卒得以智脱身。

《太子讚》是叙述釋迦牟尼出家修道事，以五七言相間成文。

影響

俗曲詞與俗叙事詩，不過可以看到當代民間文學的真面目，而有影響於後代的，莫如變文。

宋代的小説，有所謂説話人的"四家"，這四家便是説經、説參、説小説、講史書的。這種專業的演成，便是講唱變文的流衍與推廣。

我們在宋元間所產生的戲文、話本、雜曲等等,都是以韻文與散文交雜組成的。又有宋元以來流傳於民間的叙事詩,如寶卷、彈詞之類的體製,也是以韻散交組成篇的。以韻散合組成文來叙述來講唱,或演奏一件故事的風氣是如何產生出來的呢？向來只當是一個不可解的謎,現在我們已明白是由於變文而來的。

本章參考書：

（1）羅振玉編：《敦煌零拾》七卷,鉛印本。

（2）劉復編：《燉煌掇瑣》,中央研究院本。

（3）鄭振鐸：《插圖本中國文學史》三十三章,樸社本。

第十九章　兩宋的詩

曹學佺序《宋詩》云："取材廣而命意新，不剿襲前人一字。"吳之振序《宋詩鈔》云："宋人之詩，變化於唐，而出其所自得，皮毛儘落，精神獨存。"這都是稱述宋詩的佳妙，實則也不儘然，雖然有些能自出心軸，造句創意，但亦有不免摹仿雕飾之作的，現在略為檢討於下。

第一節　西崑體派及其反響

西崑派

宋初的詩，當以九僧詩為首。九僧詩在神韻派詩內，頗有地位，余已在《中國僧伽詩生活》（著者書店）內分析過。九僧之後。當以西崑體的詩為重要。田況《儒林公議》曰：

楊億在兩禁，變文章之體。劉筠錢惟演輩從而效之。以新詩更相屬和，億後編叙之，題曰：《西崑酬唱集》。

按是集尚傳，內收作者凡十七人之多。唯在億序稱："屬而和者，十有五人。"或者以錢劉為主，所以列於十五人之外吧。詩皆近體詩，上卷凡一百二十三首，下卷凡一百二十五首。然在億序文中稱："二百有五十首。"不知何時佚失二首。

西昆體的詩，尚以李義山爲宗。以漁獵掇拾爲博，以儷花鬥異爲工，只有華美，缺少氣骨。往往竊取義山的詩句，生吞活剝的任用。故劉克莊《後村詩話》云："《西昆酬唱集》，對偶字面雖工，而佳句可錄者殊少。"而後來效之的，更"每況愈下"了。

西昆的反響

西昆體至於末流，字句艱澀，令人讀後不曉得詩作的意旨何在。歐陽修《六一詩話》云：

楊大年與錢劉數公唱和。自《西昆集》出，時人爭效之，詩體一變。而先生老輩，患其多用故事。至於語僻難曉，殊不知自是學者之弊。

按歐陽修曾爲錢惟演的推官，彼此相處很久，所以對於西昆體尚表示相當的好感，然則末流之弊亦順便道及了。當代尚有優伶撏扯的譏諷，石介作《怪說》來排斥。在祥符中遂有下詔禁文體浮艷的事實。

初期反對西昆體的作者，有王禹偁、徐鉉、寇準、趙湘、韓琦、范仲淹等人，有的是學白居易詩，有的是學晚唐詩，都能另闢蹊徑，一掃西昆體雕縷之習，不過都還沒有偉大的成就。

蘇梅歐陽

詩風漸漸變過來了。杰出的便是梅堯臣與蘇舜欽二人，葉燮《原詩》云："宋初詩襲唐人之舊，如徐鉉、王禹偁輩，純是唐音。蘇舜欽、梅堯臣出，始一大變。"又說："開宋詩一代之面

目者,始於梅堯臣蘇舜欽二人。"這可見他們兩位在文學史上的重要,在當日歐陽修亦很稱美。歐陽修《六一詩話》云:

聖俞子美,齊名於一時,而二家詩體特異。子美筆力豪俊,以超邁橫絕爲奇。聖俞覃思精微,以深遠閒淡爲意,各極其長。雖善論者,不能優劣也。

按蘇舜欽的歌行多雄放,近體詩平夷妥貼。晚年寄生於山水竹石間,所咏以自然爲對象者居多,以輕描淡寫之筆法,頗能刻劃出自然的妙趣與枯淡的情懷。如《淮中晚泊犢頭》、《夏意》等詩,清麗可愛,爲一般人所稱賞的。王直方《詩話》云:"黃山谷最愛此二詩,累書之,或真草,或大字。"

細味其詩,真是清絕可愛。舜欽生前,似乎不甚得志,觀歐陽修《蘇子美文集序》可以知道。

晁公武《郡齊讀書志》上稱梅堯臣云:"幼習爲詩,出語已驚人。既長,學六經仁義之説,其爲文章簡古純粹,然最樂爲詩。"而劉性《宛陵先生年譜序》亦云:"宛陵先生以道德發而爲詩,變晚唐卑陋之習,啓盛宋和平之音,有功於斯文甚大。"

按聖俞詩是工於平淡,自成一家而筆意雄健,尤爲難得。他也是善於寫景。

當日他的生活雖很潦倒,詩文却行遍天下,一般人也很恭維他。死的時候,王安石作《哀挽詩》二首以吊之。其一云:"我得聖俞詩,於身果何如?留爲子孫寶,勝有千金珠。"詩爲當日重視,至於此極。以下要説歐陽修了。

歐陽修之文學韓,詩亦學韓,豪放之處,又似李太白。他的功勛,在於矯詩風之弊。他與梅聖俞有同樣的作風。劉克莊《後村詩話》云:"梅爲之倡,而歐爲之繼。"葉夢得《石林詩話》亦云:

> 歐公詩好矯昆體，專以氣格爲主，故其詩多平易疏暢。律詩意所到處，雖語有不倫，亦復不問。而學之者往往遂失於快直。

這可以看到，他之作詩是平易疏暢的，作近體詩亦不過於拘禁。他自己最滿意的作品是《廬山高》及《明妃曲》二篇，有一次酒醉嘗作傲語云：

> 《廬山高》，今人莫能爲，惟李太白能之。《明妃曲》後篇，太白不能爲，惟杜子美能之；至其前篇，則子美亦不能爲，惟吾能之也。

他的自視竟如此之高，實則《廬山高》亦不過學李太白罷了。畢竟歐公天才很高，往往自出胸臆，不肯蹈襲前人，最長的是七言古體。

自從歐公主張削浮華履新運，風氣爲之一變，一時文士如余靖、趙忭、李覯、韓維等，莫不揣摩風尚，追步後塵，從是於復古了。

王安石與蘇軾

宋詩至嘉祐間，人才輩出，其中以蘇王爲尤著。他如晁米張秦之流，都是天才橫溢，作品稱快人口的。這一時期的作者，歐陽修都有提拔之功，所以受歐陽公之影響亦很大。

介甫的詩原出於杜甫，造意甚爲峻刻。少時所作，頗以意氣自許，不復有所含蓄，晚年始悟深婉不迫之趣。他的詩作，前後兩期不同，前人業已論過。葉夢得《石林詩話》云：

> 王荆公晚年詩律尤精嚴。造語用字，間不容發。然意與言會，言隨意遣，渾然天成。

按介甫晚年的詩，小詩最佳雅精絕，脫去流俗。《漁隱叢話》曾拈出數首,稱爲一唱三嘆之作。

東坡的詩,各體皆工,七古尤佳。波瀾浩闊,變化不測,意境亦豪放不羈。同時人的批評,當甚可靠。劉克莊《後村詩話》云:"東坡始學劉禹錫,故多怨刺;晚學太白,至其得意,則似之矣。然失於粗。"

按東坡對於詩人,最服膺淵明,有《和陶詩》四卷。寫景寫物,情意俱儘,吐語皆快健。

第二節　江西詩派及其反響

江西詩派

江西詩派之說,起於呂居仁。紹興中,居仁自嶺外歸,取近世以詩知名者二十五人,謂皆本於山谷,圖爲"江西宗派"。自山谷以降,列陳師道、潘大臨等,若釋子之傳衣鉢然。

二十五人中,有詩名者亦不多,唯黃山谷堪與蘇軾并稱。山谷在蘇門六君子中,本來是以能詩名的。其門人親黨,有"言文首東坡,論詩右山谷"之語,東坡常稱其詩文,以爲"超軼絕塵,獨立萬物之表,世久無此作",庭堅在當日之被重視如此。他如陳師道的詩格甚高,論者謂其學杜甫有得,少爲曾南豐所知。東坡愛其才,欲牢籠於門下不屈。居仁《江西詩派圖》既以陳氏嗣山谷,自爲同輩所不及的。山谷詩有:"閉門覓句陳無已"之句,可以見其才思甚遲。

呂居仁著有《東萊詩集》、《敖陶孫詩評》。《朱子語錄》稱居仁論詩,欲字字響,而暮年詩多啞。

四大家

南渡後,在四大家前的,有葉夢得與陳與義二人,他們大體也不越江西派之勢力,不過亦并非全事模仿。葉夢得的詩,平淡有意氣,蕭散不俗。陳與義的詩簡嚴,不尚繁縟,因爲他目覩中原板蕩,流落湖南,所以詩中深於寄托。

稍後一點的,便是陸游、尤袤、范成大、楊萬裏等,號稱四大家。四大家的詩,皆得法於曾幾。幾之爲詩效法黃庭堅,所以四家的詩也是出於江西詩派的。

楊萬裏常自叙其詩云:

"始學江西諸君子,又學后山五言律,既又學半山老人七字絕句。晚乃學絕句於唐人。"觀此可以知其爲詩之淵源了。他的爲詩之狀態,周必大嘗跋其詩云:

誠齋大篇短章,七步而成,一字不改。皆掃千軍,倒三峽,穿天心,出月脅之語。至於狀物姿態,寫人情意,則鋪叙纖悉,曲儘其妙。筆端有口,句中有眼。

按誠齋詩,往往雜以俗俚之語,而意境幽峭。

陸游的詩,以七言律爲最佳。他的祖父是陸佃,佃學於王安石,有《陶山集》。所以他或者得一些家學的傳授。《四庫提要》曰:"游詩法傳自曾幾。"他作的《呂居仁集序》,又自稱源出居仁。這可見其與江西派之關係。

他的詩很清新,運筆圓潤,不襲黃陳的舊格,能夠自闢一宗。不過亦有可議的地方,《曝書亭集》摘其自相蹈襲的,至一百四十餘聯,大概一個詩人,利鈍互見。像他作詩多至萬餘首的魄力,亦爲很少見的了。

范成大的詩，初學中唐，晚年效步蘇黃，楊誠齋盛稱其詩云："縟而不釀，縮而不窘。清新媚嫵，掩有鮑謝，奔俊逸偉，窮追太白。"按石湖才調稍弱，氣象欠宏闊。

反江西派的四靈

尤袤《梁溪集》久佚，今所傳詩，唯尤侗所輯一卷，篇什寥寥。南渡以後，詩人多宗法江西派，於是四靈應運而起，獨樹異幟。所謂四靈，是徐靈輝（昭）、徐靈淵（璣）、翁靈舒（卷）、趙靈秀（師秀）等四人，都是永嘉人，皆出於葉適之門下。四個人的詩格，亦復相類，反對江西派，宗唐之賈島、姚合、劉得仁諸詩人。其門徒亦多效之，有八俊之目。

《四庫全書》徐照《芳蘭軒集提要》云："四靈之詩，雖鏤心鉥腎，刻意雕琢，而取徑太狹，終不免破碎尖酸之病。"

按四靈詩，長於近體五言，風調瀏麗，讀之令人爽口沁心。由是江湖之士，多厭惡江西派粗屬之音，起而從之，後來陳起纂為《江湖羣賢小集》以資鼓吹。而詩之境界，遂為大變，因亦號為江湖派。

嚴羽

四靈矯江西派之弊，歸宗晚唐；及嚴羽出，矯江西派之弊，力主盛唐。彼著《滄浪詩話》，首詩辨，次詩體，次詩法，次詩評，次詩證。叙述頗有條貫，大抵以盛唐的詩作，主於妙悟。故用禪理說詩，自滄浪始。清初之神韻派，即本於此而演成。

嚴羽之論，反復論說，若有所得；唯是他的製作，反得唐人的皮毛，頗少超拔警策之處。

本書參考書：

(1)（清）吳之振編:《宋詩鈔》,商務印書館鉛印本。

(2)《西崑酬唱集》,《四部叢刊》本。

(3)（宋）劉克莊:《江西詩派小序》,《歷代詩話續編》本。

(4)陳延杰:《宋詩之派別》,《中國文學研究》。

(5)董啓優:《宋詩革命的兩個英雄》,《文學》二卷六期。

第二十章 兩宋的詞

詞自唐五代至於兩宋,已發達到登峰造極的境界;後此的製作,在量的方面說雖然很多,而質的方面,却無甚更新創造了。唐五代的詞與兩宋的詞亦略有差別。以體製而言,唐五代的調,除去《魚游春水》一兩個長調以外,差不多完全是小令;到了宋仁宗的時候,慢詞(長調)就漸漸興起了,柳永是一個最早的創製者(見吳曾《能改齋漫錄》)。以内容言,唐五代的詞,多離愁別恨流連光景之作,偏於兒女的方面。到了宋以後,作者往往自抒心懷,抱負的不凡,個性的表現,全都可以藉詞體來發揚,把詞體的内容擴大起來。單就兩宋詞的作風上看,亦可以分爲婉約派、豪放派與閒適派,現在略爲解釋於下。

第一節 婉 約 派

所謂婉約派,就是作者表現普遍的情感,詞意蘊藉,以"香軟"爲歸。這一派是沿唐五代之作風的,論者稱爲詞的正體。在兩宋的詞,當然很多,我們只能拿足以代表一派作風的大作家來談談,較次的只好不講了。

渾厚與俗俚

北宋婉約派的作家，最先要提到的，是張先與柳永。張氏的詞意渾厚，柳氏的詞意俗俚，他倆都是對於慢詞有大貢獻的。張氏的詞情致雋永，而才氣不足。他的慢詞以《謝池春慢》爲最著名，一時傳唱幾遍。張氏有張三影的綽號，楊偍《古今詞話》（趙萬里校輯）云："有客謂子野曰：'人皆謂公張三中，即心中事，眼中泪，意中人也。'公曰：'何不目之爲張三影？'客不曉，公曰：'雲破月來花弄影；嬌柔懶起，簾押捲花影；柳徑無人，墮飛絮無影'皆公得意句也。"有《安陸集詞》一卷傳世。

與張先作風相同的，又有歐陽修與晏氏父子。歐陽氏的詩是散文化，不作綺艷語。他的詞却與詩不同，論者謂其出於馮延巳，可是更加沉着自然一點。周濟《介存齋論詞雜著》云："永叔詞只如無意，而沉著在和平中見。"即是說的這種道理。他的詞集有三卷，其中有很多的詞，與馮延巳相亂。其劣者，有人說是劉煇僞作的（見《西清詩話》）。

晏殊幼時稱爲神童，一生官運亨通，所作婉約清麗，與馮延巳相似。有《珠玉詞》傳世。

殊之幼子幾道，亦能詞，有《小山詞》傳世。黃庭堅《序小山詞》云："其樂府可謂狹邪之大雅，豪士之鼓吹。其上者《高堂》、《洛神》之流，其下者豈減《桃葉》、《團扇》哉？"黃氏并非說他是輕薄子。大概他的詞作，風調閑雅，輕清可愛，讀起來往往能動搖人心。他父親著名的詞如《浣溪紗》、《訴衷情》之類，他著名的詞，如《臨江仙》、《生查子》之類。

柳永本爲詞人，終以詞句相累。他官至屯田員外郎的時候，以《鶴冲天》詞的"忍把浮名，換了淺斟低唱"句爲仁宗所斥。後又奏《醉蓬萊》詞,以一字之不愜仁宗意,遂罷不復用,嗣後便專致力於詞作了。他的詞,最愛用俚語,傳遍人口。葉夢得《避暑錄話》有云:

> 柳耆卿爲舉子時,多游狹邪,善爲歌辭;教坊樂工,每求永爲辭,於是聲傳一時。嘗見一西夏歸朝官云:"凡有井水處,即能歌柳詞。"

這可見其詞的勢力之大了。他最有名的詞,如《八聲甘州》、《夜半樂》、《雨霖鈴》等是。有《樂章集》九卷傳世。

秀媚

蘇門四學士中,詞派多與蘇軾不同。其中最杰出的詞人爲秦觀,他也是婉約派的健將,詞意秀媚可愛,有《淮海集》三卷傳世。他的詞和柳永的詞很相近,柳永的詞能通俗,但風格不高。秦觀的詞,意境稍勝於柳詞,但有時還不免俗氣。同時的人,常批評他。晁補之有云:"近來作者,皆不及少游,如:'斜陽外,寒鴉數點,流水繞孤村。'雖不識字人,亦知是天生好言語也。"

又李清照亦云:"秦專主情致,少故實。譬諸貧家美女,非不妍麗。終乏富貴態耳。"(見《漁隱叢話》引)總之他的詞是凄婉哀怨的。雖常出以平語、淺語,然皆甚有情致。

周邦彥是一個大音樂家,徽宗時候大晟府(即樂府)便是他主持的。他的詞因爲多寫兒女之情,故後人往往把他和柳永并論,所謂"周情柳思",似乎周氏的風格,比柳永爲高。他又善用唐人的詩句入詞,人亦不覺其蹈襲。張炎《詞源》有云:"美成詞,渾厚和雅,善於融化詩句。"

又《四庫全書提要》云:

邦彥於南北宋間,爲詞家大宗。所作皆精深華艷,而氣格渾成,鎔鑄成語如己出。此由筆力高妙,不但以嫻於音律見長也。

這都可以見到周氏詞作的風格,王國維《人間詞話》勘爲第一流的作家。大概言之,他的言情體物,窮極工巧,爲一般人所不及。有《片玉詞》二卷傳世。

哀艷

南北宋之間,有一位女流作家,在文壇上頗有地位的,那是李清照。清照是李格非之女,早有文名。後來嫁給趙明誠爲妻,明誠早卒,她漂泊江南,一身孤零。在這樣淒涼的身世,自然要把感懷寄於篇章之上了。

她的詞,多用白話,與周邦彥似乎不同,但是造語清新,其成功則一。她的意境超妙是她詞的特長,所以張端義《貴耳集》云:"易安居士以尋常語度入音律,煉句精巧則易,平淡入調者難。"

她對於詞體造詣很深,眼光也很大,北宋諸詞人,她都有不滿意的評論。她底《聲聲慢》、《武陵春》,是最有盛名的篇目。有《漱玉詞》一卷傳世。

比李清照前一點,還有位女詞人,是朱淑真,因所嫁非人,不得志而歿。她底《斷腸集詞》,非常地淒婉。(《四朝詩集》說她是南宋人。)

人往往以朱李并論,況周頤《蕙風詞話》云:"淑真清空婉約,純乎北宋;易安筆情景濃至,意境較沉博,下開南宋風氣。"這也就是兩位女詞家的差別了。有《斷腸集詞》一卷傳世。

清空

南宋最偉大的詞人，姜夔要算其中之一了。他精通音律，慶元五年，進大樂議於朝廷，今載於《宋史樂志》。又進上他作的《聖宋鐃歌鼓吹曲》十四首，詔付太常收掌，因爲他精於音樂，所以他的詞長於音調的諧婉；但往往因音節而犧牲內容，有些詞讀起來很可聽，而其實沒有什麽意義。更有意味的，是他的詞序比他的詞還有詩意，如《揚州慢》的詞序，《凄涼犯》的詞序，表現荒凉的景象，皆比原詞爲佳。此皆由於犧牲意境，而遷就音樂了。他的詞大概很用功夫，如《慶宫春》自序云："過旬塗稿乃定"，此可以見其一斑了。

周濟《詞辨》有云："白石詞如明七子詩，看是高格響調，不耐人細思。"

王國維《人間詞話》亦云："古今詞人詞調之高，無如白石；惜不能於意境上用力，故覺無言外之味，弦外之響。"

這都是説他的詞調高，意境差。總之讀他的詞，是有清空超脱之妙趣的，雖然詞句間有生硬處。有《白石詞集》五卷傳世。

到宋末尚有張炎，專宗姜夔，反對吳文英，有《山中白雲詞》八卷傳世。主張詞要清空，不要質實。因爲他處於宋元之際，身世凄凉，所以多凄怨之音，這是姜夔所沒有的。疏宕有餘，清勁不足，是對他的評語。

又有王沂孫，有《碧山樂府》（又名《花外集》）二卷，亦屬於這一派。他的詞感慨較張炎爲深，修辭的清疏不如張炎，而厚重過之。

生硬

吳文英的詞在當日亦頗風行，尹煥作序云：

求詞於吾宋，前有清眞，後有夢窗，此非煥之言，乃天下之公言也。

因爲周邦彥與吳文英都是音樂家，所以相提并論。但以文學的眼光去看，吳便遠不如周了，《夢窗四稿》中的詞，幾乎無一首不是靠古典與堆砌而成的。張炎《詞源》云："吳夢窗詞，如七寶樓臺，眩人眼目。拆碎下來，不成片段。"這話大致是不錯的。

吳文英的嫡派，是周密，有《蠟屐集蘋窗詞》（一名《蘋洲漁笛譜》）二卷。他也是只知在字句上下工夫，而忽略了意境。

婉約派在兩宋，此外還有賀鑄、史達祖的穠麗，蔣捷的纖巧等，都略而不及了。

第二節　豪放派與閒適派

自晚唐五代以來詞作多以香軟爲歸，所以兩宋婉約派的詞，常目之爲詞體的正宗。既然有正宗，便當有別體，所謂別體即是倡導豪放派的蘇軾與辛棄疾。所謂正宗派的詞，內容多爲兒女相思、流連光景之作；雖技術有巧拙，而情境久在覺俗。豪放派舉宇宙間所有萬事萬物，凡接於耳目，而能觸發吾人情緒的，無不舉而納諸詞中；所有作者的性情抱負、才識器量以及喜怒哀樂，無不可在詞中表現出來。至於修辭方面，正宗派率以雅麗爲宗，風月留連，金碧炫眼，用字要加意鍛煉，字字要敲打得響。豪放派則所有經史百家之言，及至梵典俚諺，皆不在被擯之列。關於聲律方面，正宗派是填詞時，字音的輕重清濁，必得考究，到南宋知音律的詞人，尤斤斤於此。豪放派以爲聲律嚴而才氣受拘，乃非天才的作家所能堪，於是縱筆所之，不惜拗折天下人的嗓子，這便是豪放派詞的特徵。現在我們先看倡導者的詞作內容。

豪放派的倡導者

這一派自然以蘇軾爲倡導者，當時香軟的詞風，已發達到最高點，已由伶工之詞變爲士大夫之詞了。所以東坡所作，一變正宗派的面目。胡寅《酒邊詞序》云：

眉山蘇氏，一洗綺羅香澤之態，擺脫綢繆婉轉之度，使人登高望遠，舉首高歌，而逸懷浩氣，超然乎塵垢之外；於是花間爲皂隸，而柳氏爲輿臺矣。

這可以見東坡詞之情景。又皇甫枚《玉匣記》云：

子瞻常自言，生平有三不如人，謂著棋、吃酒、唱曲也。然三者亦何用如人。子瞻之詞雖工，而多不入腔，蓋以不能唱曲故耳。

又王灼《碧雞漫志》云：「東坡先生，非醉心於音律者，偶爾作歌，指出向上一路，新天下耳目，弄筆者始知自振。」觀此，則東坡詞之不儘協音律，是不可否認的事實，亦不必否認。大概他無暇在字句上用鍛煉的工夫，不能輕圓妥溜，適合於歌喉。然他的詞作，畢竟不失爲豪放，如俞文豹《吹劍錄》上的形容：

柳郎中詞，只合十七八女郎執紅牙板，歌楊柳岸，曉風殘月；學士詞須關西大漢，銅瑟琶，鐵綽板，唱大江東去。

東坡的詞在當日亦很流行，相傳鬼歌《燕子樓》，足見他詞作之爲一般人所傳誦了。有《東坡樂府》三卷傳世。

附和者

在南宋與東坡作風相同者有辛棄疾，後人稱之爲蘇辛。棄疾生時已南渡十餘年了。他對於國家的觀念很重，終於脫離金家，跑到江南。後來屢次想恢復中原，未能成功。他詞的豪放，亦由於壯志未遂的緣故。或者他是受蘇軾的影響，他的修辭和不講音律，與軾相同。也是《莊騷》經史，無不被他驅使，曲律也是縛不住他的。本來詩可以脫離音樂而獨立，詞當然也可以脫離音樂而獨立。在蘇辛不過把詞當做一種新興的詩體罷了。以蘇辛并論，大概魄力之大，蘇不及辛，氣體之高，辛不及蘇。以影響於後代言，蘇不及辛之大。比較可以認爲蘇氏嫡派的，要算晁補之一個人。普遍所認爲辛派的詞人，有岳飛、劉過、劉克莊之屬。岳飛的《滿江紅詞》爲世人所傳誦，然其沈鬱蒼涼之致，實遠不及《小重山詞》，同爲英雄失志的不平鳴。劉過本爲辛棄疾的門下客，他的詞作多壯語，亦完全是學辛氏的，如他底《六洲歌頭》之類，有《龍州集詞》一卷。劉克莊有《後村集別調》一卷，他的詞與劉過一樣，豪放麗逸，但亦間失之粗獷。

閒適派的作者

閒適派的詞與豪放派的詞爲近，不過其中也有出入。拿材料方面說，豪放派多發表政治上或功名上的感慨；婉約派多敘述兒女的情懷；閒適派便多以山水爲背景，寫出作者瀟灑的胸襟。在修辭方面說，豪放派是文野全所不計，婉約派是注重美麗，閒適派是注重雅淡自然。

　　第一個要說的，是朱敦儒，他有《儧較集詞》三卷，名《樵歌》。汪叔耕說：希真"詞多塵外之想，雖雜以微塵，而其清氣自不可沒"。《花菴詞選》稱他："天資曠逸，有神仙風致。"大概他的詞與陶潛的詩差不多少吧。

　　第二個要說的是便是陸游。陸游的作風是多方面的。楊慎《詞品》云："纖麗處似淮海，雄快處似東坡，予謂超爽處更似稼軒耳。"所謂超爽便是閒適。他的艷麗詞，可以《釵頭鳳》爲代表；豪放詞，可以《沁園春》爲代表；《好事近》諸詞，便可以代表他閒適的作風了。

　　陸游是有政治上之理想的，所以他的閒適詞中，有時還帶着幽咽之音，這是他與朱敦儒不同的地方。

　　再有一點應注意的便是各家小令，多以閒適見長，這裏所說的朱陸的詞，也是以小令爲多。

本章參考書：

（1）汲古閣編刻：《宋六十一家詞》，廣州刻本。

（2）（清）朱彝尊編：《詞綜》三十四卷，坊刻本。

（3）胡適：《詞選》，商務印書館。

（4）劉麟生：《中國詩詞概論》第十章，世界書局。

（5）龍沐勛：《蘇辛派詞之淵原流變》，《文史叢刊》第一集。

（6）張友仁：《論北宋慢詞》，《中國文學研究》。

（7）劉毓盤：《詞史》，上海羣衆圖書公司。

第二十一章　宋代的話本

第一節　話本的產生

變文的影響

講唱變文的風氣，到宋代已漸漸的消沉了；變文的體製，流入民間，却分化爲種種不同的新文體，如鼓子詞、諸宮調之類，都是新興起來的。講唱變文的習慣，還保存在類似變文的新文體中。惟是講壇的所在，不僅限於廟宇之中了；講唱的人物，也不僅限於禪師們了。當日的風氣，可謂盛極一時：講唱的人物，牛鬼蛇神，無所不有；講唱的題材，更是上天下地，無所不談。這種風尚，大概在晚唐漸漸興起，南宋業已盛行，元朝以至於今日，民間的講唱之風，尚未完全消滅。在民間的講壇上，"說話"頗有權威，"說話"已成了許多人專門的職業。説話人自己要用一種底本，那便是當日稱爲話本的，也就是所謂評話。

說話的考察

上邊所說的說話，也就是說書的意思。普通以爲這種風氣，始於宋仁宗時，是宮廷中一種行樂的事情。如郎瑛《七修類稿》云："小說起宋仁宗時。國家閒暇，日欲進一奇怪之事以娛之，故小說'得勝頭迴'之後，即云'話說趙宋某年'。"

一般人多相信此說，其實所記未爲得當。如李商隱《驕兒詩》云："或謔張飛胡，或笑鄧艾吃。"似已有演說張飛鄧艾的故事了，此即後世《三國演義》之所本。是說書已見之於唐末了。

迄仁宗後，蘇軾記王彭論曹劉之澤云：

塗巷小兒薄劣，爲其家所厭苦，輒與錢，令聚坐聽說古話。說至三國事，聞玄德敗，顰蹙眉，有出涕者；聞曹操敗，則喜躍暢快，以是知君子小人之澤，百世不斬。

這也是說《三國志》。由上看說書在唐末北宋是已很盛行了。

說書有四家

灌園耐得翁的《都城紀勝》，記當時說書的情形，分爲四派。其文云：

說話有四家：一者小說，謂之銀字兒，如烟粉靈怪傳奇，說公案，皆是摶刀趕棒及發迹變泰之事。說鐵騎兒，謂士馬金鼓之事。說經謂演說佛書。說參請謂賓主參禪悟道等事。講史書，講說前代書史文傳、興廢戰爭之事。

按文中所講銀字兒、說公案、鐵騎兒，皆包括於小說之內。以小說爲一家，說佛經爲一家，說參爲一家，講史書爲一家，故稱爲四家。

當日說書人，已成爲專門職業了。周密《武林舊事》關於說書人的姓名人數都記了下來。

（1）演史——自喬萬卷以下到陳小娘子，凡二十三人。

（2）說經諢經——自長嘯和尚以下到到戴忻菴，凡十七人。

(3) 小説——自蔡和以下到史惠英(女),凡五十二人。
(4) 合笙——雙秀才一人。

《武林舊事》所列這四家,與前略異。其中以小説爲最盛,内中又分門別類,似乎每類各有專家,故專家多至五十餘人。演史似乎也很受歡迎,《東京夢華錄》記載着霍四兒、尹常,以説三分、五代史爲專業的。

當日説書的,也很有組織,稱爲某社某社。據《武林舊事》,當時雜劇有緋綠社,小説有雄辯社等。至今蘇州的説書人,還有光裕社、潤裕社等名目,門户非常分明,社規非常嚴厲,這大概是雄辯社的遺風。

像這種情形,説書風氣既這樣盛,説書的人又這樣多,他們講唱任何一種的時候,自己都得備一個稿本自己用,這些稿本就是所謂話本,在文學史上頗有價值的東西。

第二節　話本的流傳與其内容

篇目的考察

當日所稱四家的説書,若合笙(民間唱調之一)與説經、説參的二家所用的稿本,業已只字無存。講史最初的稿本,也已無傳,唯其演流甚大,亦應注意及之。至於小説,傳於世者尚多,我們很容易見其本來之面目。爲一般人所熟知的,大概有如下的三種:

(1)《宣和遺事》——此本著錄於錢遵王《也是園書目》

裏。黃蕘圃《士禮居叢書》收入二卷本。商務印書館有四卷足本。

（2）《京本通俗小說》——此本有江東老蟬據元人寫本影印。（自十卷至十六卷，以前缺。）末有老蟬跋。謂原本尚有錢遵王圖書，想即也是園中物。其中共七卷，目錄如下：A.《碾玉觀音》；B.《菩薩蠻》；C.《西山一窟鬼》；D.《志誠張主管》；E.《拗相公》；F.《錯斬崔寧》；G.《馮玉梅團圓》。末兩卷亦見於《也是園書目》。

（3）《大唐三藏取經詩話》——此書中國久已失傳，日本三浦將軍藏有宋刊本，羅振玉據以影印。這是關於小說的部分，還有一種講史的稿本，那是《新編五代史平説》。此書初亦無人注意，清光緒時曹元直得宋巾箱本於杭州，武進、董康據以影印，纔流傳於社會。書的内容爲講述五代歷史。梁唐晉漢周，各分下下兩卷，惜現在缺了梁漢兩代的下卷。每代上卷之前，各有目錄，唯梁代見缺，然亦無法校補。

在此等篇目以外，仍可信爲宋人小説的有以下幾種：

（1）《陳巡檢梅嶺失妻記》——見於《清平山堂話本》，文中有"話説，大宋徽宗宣和三年上春間，皇榜招賢，大開選場。這東京汴梁城内，虎異營中一秀才"等句。

（2）《合同文字記》——見於《清平山堂話本》。文中有："去這東京汴梁離城三十裏有個村"等句。

（3）《楊思温燕山逢故人》——見《古今小説》。文中有："至紹興十一年，車駕幸錢塘，官民百姓皆從"等句。

（4）《沈小官一鳥害七命》——見《古今小説》。文中有："宣和三年海寧郡武林門外北新橋"等句。

（5）《汪信之一死救全家》——見《古今小説》。文中有：

"話説大宋乾道淳熙年間,孝宗皇帝登極"等句。

這些大概都是宋人的話本。外如《張古老種瓜娶文女》、《簡貼僧巧騙皇甫妻》,見於《古今小説》;《萬秀娘仇報山亭兒》,見於《警世通言》;《西湖三塔》見於《清平山堂話本》。這四種全在《也是園書目》内,認爲宋人所作的。

内容

在敦煌所發現的俗文學,口語的成分并不很重。如《唐太宗入冥記》是人所共知的一本,使用口語的技能却極爲幼稚。到宋人話本以後,白話文學已達到成熟的境界。用白話可以描寫社會的日常生活,可以叙述駭人聽聞的奇聞異事,也可以發揮作者的傷感與議論。這在文學史上是應注意的事情。

至於各種話本表現的内容,歸結起來,可以分爲兩類:

(1)烟粉靈怪的

烟粉就是人情小説的别稱。靈怪是專述鬼神,二者原不相及。然宋人詞話往往滲合爲一,彷彿烟粉必帶着靈怪,靈怪必附於烟粉,所以《都城紀勝》把烟粉靈怪四字合起來寫。除《馮玉梅團圓》等寥寥二三篇外,如《碾玉觀音》、《西山一窟鬼》、《志誠張主管》、《西湖三塔記》,都是如此的。寫得最使我們感動的,最富於淒楚之詩意的,要屬於《楊思温燕山逢故人》一篇了。

(2)公案傳奇的

這一類的小説,純以結構取勝。一般聽衆當然是歡迎情節複雜的偵探一類的小説。最好的要屬《簡帖和尚》一篇,像《錯斬崔寧》、《萬秀娘仇報山亭兒》之類,描寫都是很深刻生動的。《合同文字記》、《沈小官一鳥害七命》,大概著作期較早,內容較爲平衍些。《楊溫攔路虎傳》，胡適先生在《宋人平話八種序》上，以"皆是搏刀趕棒及發迹變泰的事"一語，亦隸屬於說公案的名目之下。《汪信之一死救全家》和《楊溫攔路虎傳》也有些同類。

影響

由話本漸漸離開了講壇，已另成一種文學的新體了（大概話本另有秘稿）。由《宣和遺事》，演化成《水滸傳》，由《五代史平話》的體裁又演成《三國志演義》，明以後跟着出了《列國志演義》一類作品。由《三藏取經詩話》，擴充成《西游記》，後來小說便越來越多了。體裁也漸有演變了。

本章參考書：

（1）魯迅：《中國小說史略》十二篇、十三篇，北新書局。

（2）鄭振鐸：《插圖本中國文學史》三十九章，樸社。

（3）《宋人平話八種》，亞東圖書館。

（4）（明）洪楩編：《清平山堂話本》，《古今小品書籍刊行會》本。

（5）（宋）耐得翁：《都城紀勝》，《棟亭十二種》本。

（6）（宋）周密：《武林舊事》，《武林掌故叢編》本。

第二十二章　元代的雜劇

第一節　雜劇的淵源與興盛

淵源

到元代雜劇是很興盛的。在元以前的所謂雜劇那是另一種性質，僅可以視爲元代雜劇的淵源。宋代之有雜劇的名目，是很顯明的事。如《宋書·樂志》云："真宗不喜鄭聲，而或爲雜劇詞，未嘗宣布於外。"吳自牧《夢粱錄》亦云："向者汴京教坊大使孟角球，曾做雜劇本子。"

是北宋之有雜劇，殆無可疑的。到南宋繼作，所以周密《武林舊事》所載兩宋的官本雜劇段數，多至二百八十本。就此二百八十本去考察，內中用大曲的一百有三，用法曲的有四，用諸宮調的有二，用普通詞調的三十有五。到後來金院本名目有六百九十種，見於陶九成《輟耕錄》卷二十五。內中可考知的，用大曲的有十六，用法曲的有七，用詞曲調的三十有七。還有一本用諸宮調，體裁與宋官本雜劇段數相似。這種種曲調，都可以認爲元雜劇之淵源的。迄元，雜劇另有一種新的組織。與前此戲曲不同之點，約有兩端。宋雜劇中用大曲的幾半，用大曲的遍數雖多，然通前後爲一曲。其次序有一定，不能顛倒，字句有一定，亦不能增減。格律至嚴，故運用頗多不便。用諸宮調的呢，不拘於一曲，同在一宮調中的曲都可以用。但是一宮調中，雖或有聯至十餘曲的，大抵皆用二三曲而止。移宮換韻，轉變至多，故稍有欠於雄肆。元雜劇則不然，每劇皆用四折，每折易一宮調，每調中之曲，必在十曲以上，所以較大曲爲自由，較諸宮調爲雄肆：此在樂曲上的進步。其第二進步，爲由叙事體變爲代言體。宋人大曲，就現存的去看，皆爲叙事體。金之諸宮調，雖有代言之處，大體也是叙事的。元雜劇於科白中叙事，而曲文全爲代言，故又可稱爲戲曲上一大進步的。

　　以上是元劇形式上的進步與淵源。按其取材而言，亦多襲用古劇。《宋元戲曲史》曾附有考察表，著其與古劇名相同或出於古劇的共有三十二種。可見元代雜劇也并非儘出於創造的。

興盛的原因

　　元代雜劇興盛的原因，舊說以爲元以劇本取士，實則是不可靠的。此說見於臧晉叔的《元曲選序》。序云：
　　元以曲取士，設十有二科。而關漢卿輩，爭挾長技自見。
　　又沈德符《顧曲雜言》云：
　　元人未滅南宋時，以此定士子優劣。每出一題，任人填曲。
　　由這兩人的話來看，元劇之盛是由於政府的提倡了，實則這話是毫無根據的。像馬致遠的《薦福碑》、鄭光祖的《王粲登樓》，皆是滿紙的悲憤牢騷；關漢卿的《竇娥冤》、《魯齋郎》等，又都是攻擊當代官吏之黑暗的；王實甫的《西廂記》、張壽卿的《紅梨記》、石子章的《竹塢聽琴》等，又都是穠艷夭麗之至的，這些劇本，怎麼可以去應試呢？且五百餘劇之中，同名者絕少，元代到底舉行了雜劇考試多少科，如何能有那麼多的題目呢？所以以上二說，是不能相信的。大概元劇發達的原因，有以下的三點：

（1）宋金已有了劇作基礎，故至元頓然興盛。

（2）元人停科，文人學士，無所施展其才略，遂捉住新興的文體去創造。

（3）漢人受了外族壓迫，悲憤抑鬱，只有放誕於娛樂之中以求自慰。

元劇的發達，想不外乎此三種原因的。

第二節　雜劇的作品與作者

存亡考

元代雜劇到底有多少種？據明初寧獻王權所作《太和正音譜》卷首著錄，元人雜劇都五百三十五本之多。元鍾嗣成《錄鬼簿序》，作於至順元年，而書中記事，訖於至正五年，其所著錄的有四百五十八本之多。除此二書之外，當亦還有，然也不會太多。到明隆慶、萬曆年間，流傳就更少了。臧懋循刻

《元曲選》時，從黃州劉延伯處，借到元人雜劇二百五十種。不過臧氏所刻的百種內，已有五六種是明初人所作的。可以推知二百五十種內，含有不少的明人作品。與臧氏同時刻行雜劇的，有無名氏的《元人雜劇選》、陳與郊的《古名家雜劇》，唐氏世德堂亦有彙刊本，彙刊本已不見。《元人雜劇選》比《元曲選》僅多出四種，《古名家雜劇》亦僅多出八種，可見當日雜劇以臧氏所見爲最多了。又何元朗《四友齋叢說》（卷三十七）謂其家所藏雜劇本近三百種，是可知雜劇在當時所存的數目了。錢遵王《也是園藏曲目錄》，其中確爲元人作者一百四十一種，而注元明間人及古今無名氏雜劇的，凡二百有二種，共三百四十三種。唯迄今已多散佚了。黃丕烈有《元刻古今雜劇》乙編尚存於世，黃氏共有幾編，不得其詳，今就其乙編考察，三十種中爲《元曲選》所無者，有十七種之多。合《元曲選》中九十四種與《西廂》五劇，共一百十六種。近年又發現顧曲齋所刊元人雜劇殘本有關漢卿《緋衣夢》一種，爲他書所未見。

作者時期

鍾嗣成的《錄鬼簿》將元劇的作者，分爲三期：
（1）前輩已死名公才人有所編傳奇行於世者。
（2）方今已亡名公才人余相知者及已死才人不相知者。
（3）方今才人相知者及方今才人聞名而不相知者。

是書成於至順元年（公元 1330 年），所謂方今，當係指是年而言的。劇作者無慮數十人之多，現在就三十種左右無名氏的雜劇，按劇題來歸類，可以分爲以下的數種：

（1）公安劇——見於《元曲選》的有：《包待制陳州糶米》、《包龍圖智賺合同文字》、《神奴兒大鬧開封府》、《叮叮噹噹盆兒鬼》。見於元刊《古今雜劇》的有《鯁直張千替殺妻》等數本。主人翁皆爲包拯。取材雖各不同，而結構則大略相似。

（2）戀愛劇——見於《元曲選》的有：《玉清庵錯送鴛鴦被》、《李雪英風送梧桐葉》、《逞風流王煥百花亭》、《薩真人夜斷碧桃花》等，大抵皆爲喜劇，叙的也都是始經分離、艱苦，到後來團圓，唯《碧桃花》事實略異。

（3）歷史及傳說的故事劇——見於《元曲選》的有：《龐涓夜走馬陵道》、《凍蘇秦衣錦還鄉》、《朱太守風雪漁樵記》等。見於元刊《古今雜劇》的有《諸葛亮博望燒屯》，見於《元明雜劇二十七種》的有：《蘇子瞻醉寫赤壁賦》等。這一類的劇作獨多。

（4）仙佛度世劇——見於《元曲選》的有：《龐居士誤放來生債》、《龍濟寺野猿聽經》等。此類劇作不多。

（5）報復恩怨劇——見於《元曲選》的有：《馮玉蘭夜月泣孤舟》、《風雨像生貨郎擔》、《爭報恩三虎下山》等。都是叙述天大冤仇，久未昭雪，終於由英雄或己子或己父而始得報復了宿仇的。

在元劇的種數雖多，大致可歸於以上的五類，現在再解釋戀愛劇中一部偉大的，在社會上最有勢力的《西廂》。它是讀書人未有不看的一個劇本。

西廂

元劇大都爲一本，二本的就很少見，唯有《西廂》是五大本。王實甫只作了四本。相傳他寫《西廂》到"碧雲天，黃花地，西風緊，北雁南飛"的時候，思竭踣地而死。這可以見到一般人是如何頌讚《西廂》這部書。他寫了四本，關漢卿又續了一本，或者譏漢卿不應再續，實亦不然。因爲王實甫之作，是根據董解元之《弦索西廂》的，如不加續，豈非劇本事實的憾事。

《西廂》之佳，在於描寫鶯鶯的心理狀態。她是一位嬌貴的小姐，平常不大出閨門，不懂得戀愛，只是沈默不言，欲前故却，欲却又前，欲抑止自己的情緒而抑止不住。及佳期以後，老夫人揭破了她的秘密時，她方纔揭開了面目，自此相思、寄物，無一不是表現着熱戀的情緒。前後的鶯鶯判若兩人。前者是沈默含蓄，後者是奔放多情，完全表現出久困於禮教之下的少女。無怪乎一般的少年男女，熱烈地歡迎此劇。

寫張生是一個少年書生狂戀者。從初見到圖謀再見，從退賊到拒婚，從和詩到遞簡，從跳牆到被嗔責，從臥病到佳期，從別離到驚夢，從送書到受物，從鄭恒作梗到團圓，時喜時憂，時而失望，時而得意，全生活於戀愛的不安的情緒中。作者描寫是很用力氣的。文辭的美妙，如出於一個大詩人的手筆。

六大家

至於元劇的作者很多，我們取出所稱六大家的來談一談。

最早而又偉大的一個作家那是關漢卿。關氏一生創作六十餘個劇本，現在存留的尚有十四種。拿這十四種來說，如《玉鏡臺》、《謝天香》、《拜月亭》、《救風塵》、《金綫池》、《調風月》等，可歸入戀愛的劇本；如《竇娥冤》、《魯齋郎》、《蝴蝶夢》等，可歸入公案劇本；如《西蜀夢》、《單刀會》等，可歸入歷史傳奇本。

關氏最長於寫女子的心理，所以他的劇本除少數以外，都以女子爲主角。有自己肯犧牲的慈母，《蝴蝶夢》有出智計以救友的俠妓,《救風塵》有從容不迫勇敢的脫丈夫於危險的智妻,《望江亭》有美麗活潑嬌憨任性的婢女(《調風月》)等,不論那一樣的人物,他都能寫得活潑有生氣,這是關氏手筆之高妙。他不唯善寫戀愛劇,而且善寫公案劇,所不善寫的是關於仙佛一道的事迹。

王實甫的劇本共有十四種之多,今傳於世者除《崔鶯鶯待月西廂記》外僅有《四丞相高會麗春堂》一本,其他一二種業已殘存了。他著《西廂》之佳妙,已見於上,此不再說。

白樸有《天籟軒集》。他的雜劇凡十六種,今存者唯《唐明皇秋夜梧桐雨》及《裴少俊牆頭馬上》兩種而已,餘亦不過三兩種殘存。他也是以善寫嬌艷的戀愛劇著名,《梧桐雨》是人人所知的。

馬致遠的劇本共十四種。他的題材大半為文人學士不得志者的寫照,小半為寫山林歸隱神仙度人的作品,如《漢宮秋》等劇材是很少的。像《江州司馬青衫淚》和《半夜雷轟薦福碑》,都寄托着自己抑鬱之懷的。像《呂洞賓三醉岳陽樓》、《太華山陳摶高臥》等,似乎都是失意的聊以遺世孤高為快意的。

鄭光祖的劇作共十九種,今存《王粲登樓》、《倩女離魂》、《周公攝政》等四種。他的作品往往受第一期作者的影響,而露出模擬的痕迹。但其曲文的美妙,確可使他成為大家的。

喬吉甫的劇作共十一本,今存《玉簫女兩世姻緣》、《杜牧之詩酒揚州夢》、《李太白匹配金錢記》等三本。三本皆為戀愛劇,寫得光艷動人,嬌媚可喜,但題材和布局却很平常的。

元劇評價

元劇最好的地方,在能聯結民間直樸的風格與文士們雋美的文筆。所以大多數的文辭,都是很自然,很真切,很質樸,却又是很美麗的。明白如話,却又不是粗鄙不通;暢達俊麗,却又句句婦孺皆懂:這正是民間作品與文士的手筆剛剛接觸時代的最好產品,正是雜劇的黃金時代。

第三節　雜劇的餘韻

雜劇并未隨着元代的衰亡而衰亡,它在明代的前半葉,與戲文同生駢長,更應注意的是已由民間的娛樂場,登上帝王之劇場了。許多親王們都是愛好戲劇的,周憲王和寧獻王本人也是勇於製作雜劇的。相傳明初親王之藩,必賜以戲曲千餘本,這話雖未可遽信,當日雜劇的氣運興盛,是無疑問的。

明初的作品

著於洪武三十一年的《太和正音譜》,關於明初的雜劇作者,列舉了十六人,如王子一、湯舜民、陳克明、蘇復之、楊景言之屬,這些作家已無法考察他們的歷史了。在《正音譜》中,關於曲目一項,計列丹邱先生十二種,王子一四種,劉東生二種,谷子敬三種,湯舜民二種,楊景言二種,賈仲名一種,楊文奎四種,無名氏三種,共三十三種。存留到現在的,不過六七種了。

(1)《劉晨阮肇誤入桃源》——王子一。
(2)《呂洞賓三度城南柳》——谷子敬。
(3)《鐵拐李度金童玉女》——賈仲名。
(4)《荆楚臣重對玉梳記》——賈仲名。

(5)《蕭淑蘭情寄菩薩蠻》——賈仲名。
(6)《翠紅鄉兒女兩團圓》——楊文奎。(以上收入《元曲選》中)
(7)《金童玉女嬌紅記》——劉東生。

在這七種内,神仙怪異的本事,居其大半。像那度人如仙的誑言,竟全是道教上的不可信的材料。這可以看出雜劇是受道教之影響的,與南戲受佛教的影響,多叙因果報應的材料相同的。

偉大的朱有敦

像丹邱先生朱權(寧獻王)所作的雜劇業已不存了。若周定王橚的長子憲王叫做朱有敦的,他不唯是一個偉大的作者,幸而作品也還存在。他的雜劇,古來文人相傳有三十一種之多。現在《誠齋樂府》中存二十五種(藏北平圖書館),業已很可觀了。有敦的劇作,文字并不見得怎樣好,音調諧暢,是其特色。他更有一種創造的精神,元人雜劇多用四折寫成,他往往寫作五折。雜劇中每折常以一人主唱,他在一折中往往用各種角色合唱,這都是他大膽的地方。他的劇在當日似乎很盛行,李夢陽《汴中元宵》絶句云:"中山孺子倚新妝,趙女燕姬總擅場。齊唱憲王新樂府,金梁橋外月如霜。"這可見有敦的新樂府之被演唱了。在有敦的劇作中,可大別之爲以下的數類:

(1) 道釋的:

《惠禪師三度小桃紅》、《李妙清花裏悟真如》、《紫陽仙三度常椿壽》、《小天香半夜朝元》、《瑶池會八仙慶壽》、《羣仙慶壽蟠桃會》、《福禄壽仙官慶會》、《神后山秋獮得騶虞》等。

以上前四種是度脱的故事,後四種是慶壽的故事。

(2) 妓女的:

《劉盼春守志香囊怨》、《李亞仙花酒曲江池》、《美姻緣風月桃源景》、《宣平巷劉金兒復落娼》、《甄月娥春風慶朔堂》、《蘭紅葉從良烟花夢》等。

以上是以妓女爲對象而作出的。

(3) 牡丹的:

《洛陽風月牡丹仙》、《天香圃牡丹品》、《十美人慶賞牡丹園》等。

(4) 節義的:

《清河縣繼母大賢》、《趙貞姬身後團圓夢》。

(5) 水滸劇:

《黑旋風仗義疏財》、《豹子和尚自還俗》等。

(6) 其他的:

《孟浩然踏雪尋梅》、《漢相如獻賦題橋》等。

第一二兩類中,很可以看出支配階級的思想,想長壽不老,想成仙人,并且還想玩一玩妓女。因爲有敦是一個支配階級者,所以這種劇作是很自然的。

在朱有敦之後,雜劇之製作便不多了。最著名的有王九思的《杜子美沽酒游春》,康海的《誤救中山狼》,楊慎的《蘭亭會太和記》等。這時,已轉變爲非雜劇的時代了。

本章參考書

(1) 王國維:《宋元戲曲史》,商務印書館。

(2) 鄭振鐸:《插圖本中國文學史》四十六章,樸社。

(3) (明)臧懋循編:《元曲選》,商務印書館影印。

(4) 鄭震編譯:《中國近代戲曲史》第四章,北新書局。

第二十三章　宋元明的戲文

第一節　印度戲與戲文

　　宋元明間的戲曲,有兩種不相同的組織,一是上章所述説的雜劇,一是此章所述説的戲文,戲文就是通常叫做傳奇的。依一般人的見解,戲文是由於雜劇蜕變而出的,實則這種觀念,并不怎樣正確,因爲戲文自有它的淵源,并非元明之間新出的一種體裁。它在宋代,業已産生,當日的題材及組織與印度劇具着同一的情形,由此可以覘知印度劇對於中國的影響和戲文産生淵源之所自了。現在拿題材與組織二者分別來講:

題材

　　據徐渭的《南詞叙録》,著録"宋元舊篇"凡六十五部,全都是宋元遺留下來的戲文。又以《永樂大典》(卷一萬三千九百九十一)內亦有戲文三部,此外沈璟的《南九宮譜》、張禄的《詞林摘艷》、無名氏的《雍熙樂府》,亦有不少戲文的殘文。其中以元代戲文爲最多，大概爲我們所確信爲宋代的戲文，只有《趙貞女蔡二郎》、《王煥》、《王魁負桂英》、《樂昌分鏡》、《陳巡檢梅嶺失妻》等五種而已。

這幾種戲文雖都是殘闕不全，其情節還約略可以知道。如《趙貞女蔡二郎》叙的是蔡二郎得第忘歸，其妻歷儘艱險，前往尋夫，二郎却拒之不見，不肯領認爲妻。《王魁負桂英》叙的是王魁與桂英誓於海神廟，二人願意白首偕老；但王魁中第得官後，桂英派人去接見他，魁却忘了前情。又如《張協狀元》寫的張協得第後，變了心腸，棄王氏女於不顧，王氏女剪髮籌資到京師，又被張協的用人打了出來。這統統都是癡心女子負心漢的故事。

我們若有機會一讀印度戲劇家卡里台莎（Kalidasa）的《梭康特妲》（Sukantala），我們大約總會很驚奇的發現了奇迹。原來梭康特妲之上京尋夫，亦被拒於其夫杜希楊太（Dushyanta）的。這種巧合的事情，決不是全然無因的吧。而且《梭康特妲》戲文曾經被傳在天臺山的一個廟裏，則更可明瞭其中的消息了。

再者《王煥》及《崔鶯鶯西廂記》（非王本）上，描寫王煥與賀憐憐在百花亭上的相逢及張生與崔鶯鶯在佛殿上的相見，其情形和杜希楊太初遇梭康特妲在林中的情形，也是很相同的。《王煥》中的王小三、《西廂記》中紅娘，亦爲印度戲劇中常見的人物。

又《陳巡檢梅嶺失妻》，其情節與印度的史詩《拉馬耶那》（Ramayna）很有一部分相類似。《拉馬耶那》的故事，是印度劇本上常常襲用的題材。這都可以窺見中印文學上溝通的情形了。

組織

印度劇本内容的組織，和中國的戲文有幾點很相似，兹爲列述如下：

（1）印度戲劇，是以歌曲、説白、科段三個元素組織成功的，這和戲文中的科、白、曲三者不可缺一完全相同。

（2）印度戲劇中有男主角拏耶伽（Nayaka）女主角拏依伽（Nayika）等於戲文中的生與旦。生與旦常有侍從跟着他們，也與印度戲劇無異。

（3）印度戲劇在每次開場之前，必有一段前文，由主持的人上臺來對聽衆説明要演的是什麽戲，且介紹主角出場來。這和戲文的開場，先由末或副末唱念一首頌賀的歌詞，或説明要及時消遣之意，慢慢説到今天演唱的什麽戲，并引出後臺的角色出來，也是一樣的。

（4）印度戲劇終了，必有尾詩，戲文末了亦有下場詩。不過内容略有不同：尾詩的内容多是禱求風調雨順，人民快樂，君主賢明，神道昭靈一類的話；下場詩多是總括全據之情節的。

（5）印度戲劇在一劇中所用的語言文字，大别之爲兩種：一種是典雅語，一種是土白。大都上流人物、主角，每用典雅語；下流人物如侍從之類，則大都用土白的。這和戲文的習慣完全相同。

以上五點，是中印戲劇相同之點。題材的相同，我們或者可以説是暗合；像這種内容組織的相似，决不是偶然的事情。大概在當日，印度劇多由商人從海道帶進來，於是成了中國一種新興的文體，後來便漸漸興盛了。

第二節　戲文的繁興

戲文最早的已見於宋代，在元代除雜劇興盛之外，還有戲文仍在繼續生長着，葉子奇《草木子》云：

其後元代南戲盛行。及當亂，北院本特盛，南戲遂絕。

南戲遂絕之說，大概是約略北方而言的，同時可以見到元代有一時期，是盛行着南戲的。關於元代的南戲，現在幾乎沒有一本原本存在。鄭震《中國近代戲曲史》上根據《永樂大典》、《南九宮譜》、《南詞叙錄》幾部書裏列出南戲的劇目，去其重復的，合計有六十九種之多。其中和雜劇題材一致的，亦有三十七種。從這個統計裏，可以看出兩點：一是南劇并未絕滅，而且漸漸興盛起來；二是南戲的興盛，受着雜劇不少的影響，如有許多題材是彼此相同的。

題材的表現

南戲到明代以後，纔入於黃金時代。關於明初的南戲劇目，徐渭《南詞叙錄》已有四十八本，然而還不是全部。成化、弘治以後，作者尤夥。在這許多南戲中他們題材的表現是些甚麼呢？我以爲可歸入以下的數類：

（1）歷史的：

蘇復之的《金印記》；

無名氏的《趙氏孤兒》及《牧羊記》；

姚茂良的《精忠記》及《金丸記》；

王濟的《連環記》；

沈采的《千金記》及《四節記》等。

這一類完全是根據歷史上人物事迹演義而成的。譬如《金印記》是敘述戰國蘇秦之事迹的，《精忠記》是敘述岳飛之事迹的，其他諸篇皆藉歷史上人物的事迹演義而成的。

（2）人情的：

施君美的《拜月亭》；

無名氏的《白兔記》；

高則誠的《琵琶記》；

徐旺的《殺狗記》。

邵文明的《香囊記》。

這一類完全是敘述悲歡離合之人情的。譬如《琵琶記》是敘述蔡邕上京，五娘尋夫的故事，很流行於社會，《香囊記》是敘述南宋初年張九成夫妻分離與相逢的故事。

（3）愛情的：

李景雲的《荆釵記》。

薛近兗的《繡襦記》。

這是寫男女之愛情的。《荆釵記》寫王十朋與錢玉蓮的愛情神聖，雖經孫汝權從中作梗，經過多年的分離，終能在廟內相逢。《繡襦記》是根據唐人傳奇《李娃傳》寫成的，情節已見於前。

（4）道德的：

邱濬的《五倫全備》；

沈受先的《三元記》。

據說邱濬少年時候，曾經寫過一部關於戀愛的小説名叫《鍾情麗集》，舊社會的人，都向他攻擊，於是爲了掩飾惡名，來寫這部《五倫全備》。《三元記》是根據善惡報應之說而寫成的。主人翁的兒子馮京,傳在《宋史》的,但他的父親却未必是那樣有德行的人物。

以上四類,歷史的是偏重史迹,其他三類雖也多是藉歷史上的人物,但多帶演義之性質的。此外的題材能溢出這個範圍的便不很多了。

五大名作

在以上所述的戲文中,有五種是最有名的,現在把它們比較詳細的再介紹一下:

(1)《琵琶記》

《琵琶記》的作者,是元末明初的高明。蔡邕故事的戲文,已見於宋代,高明也不過再加以演義罷了。全本是四十二齣。他有價值的地方,是把蔡宅與牛府的光景對照着寫。一富一賤,一苦一樂,以凄慘的生活,對照着安樂華麗的生活。冷暖之間,極盡描寫的能事。第三十五齣,硬要使蔡邕與趙五娘相遇,是極不需要的。所以也有人說後八齣是他人所續的。

相傳作者居櫟社沈氏樓,夜案燒雙燭,填至吃糠一齣,句云:"糠和米本一處飛",正在此時雙燭光交合爲一,因名其樓曰瑞光樓。這是一段神話傳說。至於說此記之作,是譏諷王四,那是靠不住的事情。

(2)《荆釵記》

《荆釵記》據高奕的《傳奇品》,說是柯丹邱作的。王國維的《曲錄》認爲寧獻王朱權作的,我們從《南詞叙錄》上,定爲李景雲所作。全本共四十八齣,故事照例的團圓終結。明張鳳翼《譚輅》云:

《荆釵》相會之處不佳,後人改爲婦與姑舟中相遇,比原本好。

按《綴白裘》、《醉怡情》等所收《荆釵記》,有《舟會》一齣,和《譚輅》所說相同。至於《甌江佚志》謂此故事,係宋時史浩門客造作以誣王十朋友及孫汝權的,那不可信。

(3)《白兔記》

《白兔記》不知作者,全本共三十三齣,想爲根據《劉知遠諸宮調》而演成的。叙述劉知遠與他的妻李三娘離合之故事的。詞甚古樸,所以讀起來還有相當的趣味。劇中如磨坊養子等齣,至今仍上演不止,許多民間的老太婆,都常談磨坊生子的故事。《白兔記》有二本,一爲《六十種曲》本,較爲村俗,一爲富春堂刊本,較爲文雅。

(4)《拜月亭》

《拜月亭》,明人皆以爲施君美所作,但亦無的據。寫蔣世隆、王瑞蘭的離合悲歡事,關漢卿已有一本《閨怨佳人拜月亭》雜劇。此作即本於此,但略有增加。自第三齣至第十齣的情節是新加的,并不覺得勉强。三十四齣以後的婚姻幾齣,略覺無聊。

(5)《殺狗記》

《殺狗記》作者已見於前,全本共三十六齣,寫孫榮和孫華兩兄弟的故事。作者有《巢松閣集》。嘗自言曰:"吾詩文未足品藻,惟傳奇詞典,不多讓故人。"可見他的戲文是很自負的。此劇係依據於蕭德祥的《殺狗勸夫》,材料增加四倍以上,因此劇中人物增加不少,情節也復雜許多。把孫蟲兒改爲孫榮;蕭作中未說孫氏兄弟不和的原因,此作寫出因勸諫而致不和;蕭作中只有一妻,這裏却增加一妾,又增加一個僕人。寫兄弟兩人的生活,寫兩個惡友的性格與舉動都很深刻,較蕭作爲進步。

以上是五大名作的梗概。

本章參考書:

(1) 鄭震編譯:《中國近代戲曲史》,北新書局。

(2) 鄭振鐸:《插圖本中國文學史》四十七章、五十二章,樸社。

(3) 閱世道人編:《六十種曲》,開明書店。

(4) (明)沈泰編:《盛明雜劇》初二集,董氏刊本。

(5) 林培志:《拉馬耶那與陳巡檢梅嶺失妻記》,《文學》二卷六期。

(6) 李滿桂:《沙貢特拉和趙貞女型的戲劇》,同上。

第二十四章　明代的小説

　　宋代的話本,在前邊已約略述過了,它對於後代的影響,是大批小説的産生。固然有的仍是話本,有的便根據話本進一步地修訂或創造了。到小説脱離話本的時期,或者説話人另有秘稿,不過不公布於世罷了。

　　據現在存留於世的話本來看,元代講説史書的風氣大概很盛。我們看唯一的《全相平話五種》,都是講説歷史上的事迹。五種是:《武王伐紂書》(三卷)、《樂毅圖齊七國春秋後集》(三卷)、《秦并六國秦始皇傳》(三卷)、《吕后斬韓信前漢書續集》(三卷)、《三國志》(三卷)等。前四種僅能見於《日本内閣文庫》,後一種在中土頗爲流行。這五種話本,是元英宗至治年間,新安虞氏所刊的。文筆是同樣的拙劣。在表現上看,《武王伐紂書》與《樂毅圖齊》兩種,所帶神怪的成分是很濃厚的。其餘的三種,多以歷史的故實爲骨架,間有附會的傳説,很少無稽的神怪仙佛的胡説。不論那一種題材,對於明代的小説都有重要之意義的。

第一節 講 史 派

　　宋元的話本,多失去了作者的名字。由話本產生小說,這時期第一個作者,是羅貫中。他的姓名,各書所載,很有一些分歧。我們從一個比較可靠的記錄是賈仲名的《續錄鬼簿》。《續錄鬼簿》云:
　　羅貫中,太原人,號湖海散人。與人寡合。樂府隱語,極爲清新。與余爲忘年交。遭時多故,天各一方,至正甲辰復會。別後又六十餘年,竟不知其所終。
　　這是一節最寶貴的史料。其他的事迹,便不得其詳了。
　　羅貫中最偉大的成就,便是《三國志演義》與《水滸傳》兩部書,其他當然還有類似的著作。

　　《三國志演義》

　　《三國志通俗演義》,自然的,與《三國志平話》是不能無關係的。他於改俗爲雅以外,對於平話本,也還略有增删。大概有如下的情形:
　　(1) 删削了平話中荒誕不經的事實。像那曹操勸漢獻帝讓位曹丕,劉備到太行山落草爲寇等。
　　(2) 增加平話中缺少的真實史料。像那何進誅宦官,禰衡罵曹操等。
　　(3) 增加平話中沒有的詩詞表札。
　　(4) 改寫了平話中不經的記載。像那張飛喝斷長板橋,改爲驚破夏侯杰之膽等。

　　羅氏的演義,雖然有所依據,但不能不承認其偉大。譬如平話本關於三分的解釋,還帶有因果報應的思想,羅氏竟大膽刪了去,從靈帝即位說起。他又能在枯寂的記事上,豐贍的文辭,演義爲二十四卷,二百四十回之多。說它雅,一般的民衆都能欣賞,說它俗,一般的文人又覺得粗淺,所以它的影響在民間是很大的。三國故事常常誦於婦孺之口,不能不歸功於羅氏了。雖然章學誠《丙辰札記》病其"七實三虛,惑亂見者",那是以史學眼光看待了。

　　不過描寫人物,亦間有可議之處,如寫諸葛亮的智謀,往往近於妖妄。像那曹操赤壁敗後,孔明知道曹操命不該儘,故意使忠厚的關羽扼守華容道,俾得逃脫。而又故以軍法相要,使立軍令狀而去。此處表現孔明,亦不過一個狡獪之徒罷了。

《水滸傳》

　　《水滸傳》的本子,最重要者有四種傳於世:
　　(1)《忠義水滸傳》一百十五回,前署東原羅貫中編輯。
　　(2)《忠義水滸傳》一百回,前署錢塘施耐菴底本,羅貫中編次。
　　(3)《忠義水滸全書》一百二十回,前署施耐菴集撰,羅貫中纂修。
　　(4)《水滸傳》七十回,前署東都施耐菴撰。
　　我們看這四種,顯然有繁有簡,并不一定是先簡後繁。明胡應麟《筆叢》四十一,已提到坊中削繁爲簡的不當了。大概現在的《水滸》,已經後人的修改,是無疑義的。
　　關於作者也是一個問題。施耐菴是怎樣的一個人物,別的書籍也沒提到。據話本的推測，施氏一定是一個說話人，羅氏得了他的秘稿，把它演義、潤色成了一部偉大的著作。所以刻書的人把兩個人的名字都題署上了。

原來《水滸》的故事，由來已久，且是歷史上的事迹。撮抄舊籍而成的《宣和遺事》，便是《水滸》的前本。《宣和遺事》上的宋江等"三十六人橫行齊魏，無敢抗者"，見於《宋史》三百五十一。關於宋江等聚嘯梁山泊的事，當日傳說已普遍於民間。宋遺民龔聖與作《宋江三十六人贊》，其序上云：

宋江事見於街談巷語，不足采著。雖有高如李嵩輩傳寫，士大夫亦不見黜。

大概《宣和遺事》已是說話人的稿本，所以故事亦很流行於民間的。

《水滸傳》的文筆，似較《三國演義》爲進步；半文半白，多記載而少描寫的缺點，仍是很顯著的在着。要之亦有可取的描寫技巧，如蓼兒窪的會葬，林冲的走雪，武松的打虎，野猪林的打店等，情景的布置，都是很美妙的。

以上所述之外，猶有一部分講史的小說，不過爲一般人不注意罷了。如：

(1)《隋唐演義》一百回，羅貫中編。(？)

(2)《殘唐五代演義》六卷六十回，羅貫中編。(？)

(3)《三遂平妖傳》四十回，馮夢龍增補。

(4)《説唐傳》前傳共六十八回，後傳共四十二回，羅貫中編。(？)

(5)《粉妝樓》八十回。(？)

第二節　神　魔　派

明之中葉以後，道教漸漸興盛起來，成化年間有方士李孜釋繼曉等，正德年間有于永等，都是以妖妄之說而榮貴的。這種邪說影響於人心，影響於文章。神魔派小說的產生，便全由於這種道理。現在把它們的名目略述於下：

"四游記"

"四游記"大概是刻於明代的。內中包括書四種，作者三人。

（1）《上洞八仙傳》（八仙出處《東游記傳》）二卷五十六回。題蘭江吳元泰著。

（2）《五顯靈官大帝華光天王傳》（《南游記》）四卷十八回。題三台山人仰止、余象斗編。

（3）《北方真武玄天上帝出身志傳》（《北游記》）四卷二十四回。前人編。

（4）《西游記傳》四卷四十一回。題齊雲楊志和編，天水趙景真校。

以上四種，第一種是敘述李鐵拐得道後，度鍾離權，權度呂洞賓，以至於有八人得道，是為八仙。還述及八仙與龍王大戰的事迹。書中文言俗語間出，事亦往往不相連屬，大概是雜取民間之傳說的。第二種是敘三眼靈光為天地所殺之後，復轉生，師事天尊，大鬧天宮。後來使走人間，仍有神通，與神魔戰等故事。末兩種自然也是無稽之談。

《西游記》

在四十一回的《西游記傳》外，又有一種一百回本的《西游記》。一般人很容易誤會，這本《西游記》是元初道士邱處機作的，實則邱氏另有二卷本的《長春真人西游記》收於《道藏》之内的。近來把它定爲吳承恩所作，是無疑義了。

《西游記》全書次第，與四十一回本無大差別。全部的事實可分爲四段看：

（1）叙孫悟空出生求仙及得道鬧三界等事。（一—七）

（2）叙魏徵斬龍，唐皇入冥，劉全送瓜及玄奘奉諭西行求經事。（八—十二）

（3）叙玄奘西行，到處遇見磨難，所遇凡八十一難，但皆得佛力保護及孫行者的努力，得以化險爲夷，安達西天。（十三—九九）

（4）叙玄奘及其徒孫悟空、猪悟能、沙悟净等護經回東土，皆得成真爲佛事。（一百）這四段可以分爲三部獨立的書。孫行者的出生、大鬧與厄運，乃是一部獨立的英雄傳奇。唐太宗入冥事，在唐末已有俗文的小說了。至於玄奘的西行與返來，更是一綫到底的小說。

作者的用筆，是很值得稱說的。譬如玄奘西行，經過八十一難那一長段，層次井然的一難過去又一難；八十一難中，事實雷同的并不很多。此可見作者經營的費心與着筆之精密了。

《西游記》之後，又有《後西游記》、《續西游記》等作，便比原作遜色多了。

《封神傳》

《封神傳》一百回,今本不題撰人。日本內閣文庫藏明刻本,題許仲琳。封神二字的取義,是由"唯爾有神,尚克相予"(《尚書·武成編》)一語衍成的。其事迹隱據《六韜》、《陰謀》、《史記》、《封禪書》、《唐書·禮儀志》各書。書之開篇詩有云:"商周演義古今傳。"

由此以看,其目的似在演史,實則藉商周的爭戰,大談其神怪,什九是虛造的。本來武王伐紂,古人早有"血流漂杵"之說,所以《封神》便極力形容。《武王伐紂書》雖亦有神怪的記載,然比諸《封神》真是小巫之見大巫了。

《三寶太監西洋記通俗演義》

《三寶太監西洋記通俗演義》亦一百回,題"二南裏人編次",有萬曆年間羅懋登序,羅即是撰者。這部書全是叙述永樂中太監鄭和等服外夷、使朝貢的事。鄭和者,《明史·宦官傳》云:

> 雲南人。世所謂三保太監者也。永樂三年,命和及其儕王景宏等通使西洋,將士卒二萬七千八百餘人,多齎金帛,造大舶……首達占城,以次遍歷諸國,宣太子詔,因給賜其君長,不服則以武懾之。先後七奉使,所歷凡三十餘國,所取無名寶物,不可勝計,而中國耗費亦不貲。……故俗傳三保太監下西洋,為明初盛事云。

藉鄭和的事為骨架,內中荒唐的叙述,怪異的記載,是很多的。文詞亦很拙劣,行文又多支蔓。較有意味的是引用里巷的傳說,如五鬼鬧判、五鼠鬧東京之類。

第三節 人 情 派

在明代又產生了幾部人情小說,最爲一般人所注意的是一部稱爲"淫書"的《金瓶梅》。當日這種淫書通行的原因,完全是一時的風氣。前邊所提到的方士李孜與僧繼曉,統是以獻房中術驟貴起來;嘉靖間的陶仲文,也是以進"紅鉛"得倖於世宗,官至特進光禄大夫柱國少師少傅少保禮部尚書恭誠伯。於是頹風漸及於士流,都御史盛端明、布政使參議顧可學,皆以進士起家,藉"秋石方"致大位的。一般欲倖進之徒,都是竭儘智力以求奇方,縱談閨幃方藥的事體,不以爲恥。方藥興,表現牀第間事的小說也就多起來了。

《金瓶梅》

《金瓶梅》,配上《水滸傳》,益以《西游記》,稱爲三大奇書。計一百回。最早的刻本,即沈德符《野獲編》所謂"吳中懸之國門"的一本。此本當冠有萬曆丁巳(四十五年)東吳弄珠客的序和袁石公之跋的,惜此本不見於世。今所見的《金瓶梅詞話》刊行於萬曆末年,爲最早的一本。崇禎本,張竹坡評本(康熙年間)皆較少於《詞話》本。至於坊間所謂《古本金瓶梅》,删削尤多,已失却本來之面目了。

《金瓶梅》的作者,《野獲編》説是嘉靖間大名士所作,世人遂以爲出於太倉王世貞之手,爲的是要仇殺嚴世蕃的。此説不甚可靠,《金瓶梅》上十足表現山東的方言,江蘇的王世貞不會用那樣地道的話吧。

《金瓶梅》是一部偉大的寫實小說,既不依據史傳,復不加入神怪的筆墨。它在普通的人間,表現出一個惡棍的行為及家庭間復雜的情形,心理的刻畫,用筆的精密,都能及於上乘的。全書是假《水滸》中的西門慶與潘金蓮爲綫索,內插入李瓶兒、春梅等一些娼婦妖女。除表現西門慶是一個惡棍外,還描寫出他是一個不世出的淫鬼。文辭綺麗可觀,惜乎叙述性交的地方太多,所以世人目之爲一部可怕的淫書。

《金瓶梅》之後,又有《續金瓶梅》前後集共六十四回,題紫陽道人編。此書當成於清初,紫陽道人即是丁耀元的化名。全書是以因果報應爲思想的。其四十三回有云:"一部《金瓶梅》說了個色字,一部《續金瓶梅》說了個空字。從色還空,即空是色,乃自果報,轉入佛法。"其內容之大概亦可略窺了。

《玉嬌李》

此書早佚,云亦出《金瓶梅》作者之手。《野獲編》稱引袁宏道曾聞大略:

謂與前書各設報應因果,武大後世化爲淫夫,上烝下報,潘金蓮亦作河間婦,終以極刑;西門慶則一駭憨男子,坐視妻妾外遇,以見輪迴不爽。

即此亦可見其內容一斑了。

以上是就長篇小說而言,短篇小說也很多。最著名的如馮夢龍所輯的《喻世明言》、《警世通言》、《醒世恒言》,所謂三言的。還有所謂二拍的,即空觀主人輯的《拍案驚奇》及《二刻拍案驚奇》是。現在流行那抱甕道人選輯的《今古奇觀》便是從四十卷以上的幾種小說彙選下來的,這裏邊有很多精美的短篇小說。

本章參考書

(1) 魯迅:《中國小說史略》十四篇、十五篇、十六篇、十七篇、十八篇、十九篇、二十篇,北新書局。

(2) 鄭振鐸:《插圖本中國文學史》四十八章、六十章,樸社。

第二十五章　明清的詩

元代最著名的詩人，有虞集、楊載、范梈、揭傒斯等稱爲四大家的，在四大家稍後的，又有薩天錫、楊維楨等。虞集嘗稱述楊載的詩如百戰健兒，范梈的詩如唐臨晋帖，揭傒斯的詩如美女簪花，他自己的詩如漢廷老吏一般。若薩天錫是最長於情的，詩句流麗清婉。楊維楨有《鐵崖樂府》傳世，在元代已負盛名，到明初猶存。他的詩歌，獨成一派，元代諸人，多失於纖弱，他的詩筆，震蕩淩厲，奪人目睛，典麗雋致，不可多得；不過亦往往失於怪誕晦澀，甚有譏之爲文妖的。大約有高過時人之作，有墮入魔趣之作，不能一例而論。

明初的詩人，有宋濂、劉基。筆意豪縱，濂不及基。足推一時之大家的，是高啓。高氏的詩，前人稱之爲"雋而清麗，如秋空飛隼，盤旋百折，招之不肯下"；又稱爲"緣情隨事，因物賦形，橫縱百出，開合變化"。大抵高氏才力卓絶，出詩多不假雕飾，自然可愛的。

永樂以後的數十年，天下太平，詩人亦趨於雍容平易，那便是官僚文學的臺閣體了。主其事者是楊士奇、楊榮、楊溥。三楊因爲久占臺閣，勛業之高，德望之顯，都足以傾倒一世，所以當日雍容閒雅之作，海内成一種風氣。漸久漸弊，膚廓冗沓之徒，不失於淺，便失於粗，往往令人一望生厭。於是豪杰之士的李東陽,起而改革,一洗以往的陋習。

第一節　格　調　派

源流

　　詩至臺閣體以後,陳陳相因,千篇一律,生氣全無了,於是李東陽起而謀改革。他推崇唐代的李杜,同時亦不排斥元白,對於王孟韋柳之詩,也很看重,所以詩趣稍廣。他的歌行,便十足地具備老杜的風神。他論詩已提出"聲調"的注意。《懷麓堂詩話》云:

　　今之歌詩者,其聲調有輕重、清濁、長短、高下、緩急之異,歌之者不問而知其爲吳爲越也。漢以上古詩弗論,所爲律者不獨字數之同,而凡聲之平仄,亦無不同也。然其調之爲唐爲宋爲元者,亦較然明甚。

　　是東陽以爲每一代的詩篇,都有其聲調可以領會的。他的重視聲調,也可於此窺知。論者稱述他的詩"雅馴清澈,格律嚴整,得唐人之風致"。有《懷麓堂集》百卷傳世。

定名

　　李東陽在詩壇上的復古,無非是一個倡始者,到其門下士李夢陽、何景明出,便有堅決的主張了。格調在詩中也認爲重要了。李夢陽《潛虬山人記》云:

　　詩有七難,格古,調逸,氣舒,句渾,音圓,思冲,情以發之。

他的《缶音序》又云：

詩自唐古調亡矣。然自有唐調可歌咏，高者猶足被管弦。宋人主理不主調，於是唐調亦亡。

此皆可見其重視格調之論。至於何景明與李夢陽的主張相同，都是以漢魏盛唐爲標準的。夢陽的作品，雄奇高古，氣魄宏大，多得於北方的剛勁之氣。景明詩，秀逸穩稱，俊朗可愛。夢陽的《送李帥之雲中》、《九日南陵送橙菊》等可以爲代表作，何景明的《明月篇》與《鰣魚》等可以爲代表作。

李何的羽翼有邊貢、徐禎卿、祝允明、文徵明等，他們都是向漢魏盛唐去學的，所以詩調都很高古。如邊貢的《重贈吳國賓》等，徐禎卿的《寄華玉》等。

承波

李何對於文壇影響當然很大。到嘉靖初年，王愼中等起而反抗，指責何李僅得古人的面目，成就一種僞體。他們的攻擊，是偏重文體方面，不過詩也捎在裏面了。未幾李攀龍、王世貞、謝榛一般人起來，仍然擁護李何，重新打出文必秦漢，詩必盛唐的旗幟。李氏嘗在歷城故鄉構白雲樓，有山水之勝，日夕讀書吟咏樓中，十年賓客概不接見。他的詩以聲調勝，所擬古樂府或潛易數字以爲己作，生吞活剝地占有，故後人詆爲優孟衣冠。七律較佳，高華不同於凡庸之作。王氏晚年思想改變，頗悔他四十以前的少作。他的詩，樂府古體較佳，近體的鍛煉功夫不到，時露淺率。朱竹垞病其愛博，以致千篇一律。謝氏被擯於李王，然在當時，亦甚有聲價的。他以爲取李杜十四家最勝者，熟讀之以會神氣，歌咏之以求聲調，玩味之以哀精華，諸人大佩其言得旨要。他的近體詩佳，字烹句煉，氣逸調高。李氏的《懷子相》詩，王氏的《袁江流鈐山岡》詩，謝氏的《暮秋即事》、《秋日懷弟》等作，都稱佳製。

反響

李王謝之後，一般不才之徒，如衆犬吠影一般，似是而非的學李王，遂惹起社會上人士的反感。徐文長、湯義仍等，想一變風氣，終以寡不敵衆，自從袁宗道兄弟出來以後，社會上纔轉移目標。宗道在館中首先排斥王李之說，於唐好白樂天，於宋好蘇軾，名其齋曰"白蘇"。至宏道、中道，益矯爲清新輕俊的作風，學者遂舍王李而投於袁氏兄弟的門下，因爲他們是公安人，目之爲公安體。是主張隨意歌唱，任其自然，要解脫，要自創辭意，淺俗是没有關係的。如《西湖詩》之："一日湖上行，一日湖上坐，一日湖上住，一日湖上卧。"是前人對於這類詩多有微詞，在我們看起來亦另有意味的。

公安體是拿清新去號召，竟陵人鍾惺、譚元春，復以幽深孤峭來矯李何之弊，所謂竟陵體。鍾譚因學力欠缺，見解多偏，頗爲一般人所譏誚。他們寄托主張的《詩歸》一書，《静志居詩話》詆之爲"取快一時，流毒天下，詩亡而國亦隨之矣"。可見這一體是無甚可取處的。

第二節　神韻派與性靈派

清初詩人，以錢謙益、吳偉業二人爲最著名。二人都是没有氣節的二姓之臣。錢謙益的詩，沈鬱而兼藻麗，高情逸致，在明末亦屬大家，他的詩不專主盛唐，晚唐宋元諸詩人對於他都有影響。他底《初學》、《有學》二集，乾隆帝因爲他不忠於明，詔毀其版，以勵臣節，後代幾乎不能讀其詩篇，到現在，纔能通行於世。

吳偉業是一個大詩人，他死時候的遺囑，要在墓前樹一"詩人吳梅村之墓"的圓石。他降清後，晚年似乎也很後悔，有《述懷》詩："我本淮王舊雞犬，不隨仙去落人間"，可以窺其心迹。他的詩早年才華艷發，辭藻綺麗，終年遭逢喪亂，閱歷興亡，時出激楚蒼涼的悲調，晚年心境不佳，篇什充滿蕭瑟之音。他的詩，歌行一體尤所擅長，如《圓圓曲》、《永和宮詞》之類，都是一時稱說、千載不朽的佳作。

此外遺老作者，如龔鼎孳、王彥泓、馮班、杜濬、申涵光、吳嘉紀、陳恭尹、屈大均、費密等，亦多能詩，唯較之錢吳，是小巫之見大巫了。

在錢吳以後的大詩人，有宋琬、施潤章、朱彝尊等人，當日有南施北宋的稱說。宋詩是以雄渾磊落勝，施詩是以温柔敦厚勝。朱是兼擅衆體，可以與施宋相頡頏的。宋有《安雅堂集》，施有《學餘堂集》，朱有《曝書亭集》。

像這些詩人，雖各有獨特之點，惜無偉大的魄力，在詩壇上影響尚不大；若王士禎一出，獨標神韻，置百家於不顧，學詩之士，遂多奔走在王氏的門下。

神韻派的意義

王士禎論詩，略本於嚴羽，以爲詩禪一致。以爲捨筏登岸，禪家以爲悟境，詩家以爲化境，詩作要有天機神化之妙的。他底《唐賢三昧集序》可以見出他的主張，序云：

嚴滄浪論詩云："盛唐諸人惟在興趣，羚羊掛角，無迹可求，透澈玲瓏，不可湊泊。如空中之音，相中之色，水中之月，鏡中之像，言有儘而意無窮。"司空表聖論詩，亦云："味在酸鹹之外。……"於二家所言，別有會心，錄其尤雋永超詣者自王右丞以下四十二人。

此可以見王氏論詩的主旨了。譬如他舉的神韻詩例，有李白《牛渚懷古》云："牛渚西江夜，青天無片雲。登舟望秋月，空憶謝將軍。余亦能高咏，斯人不可聞，明朝掛帆去，楓葉落紛紛。"

從詩中表現出一種意境，所謂水中之月，鏡中之象，言有儘而意無窮的。王氏的詩集，特稱曰《精華錄》。他的詩作，所謂旖旎風華，情意綿綿。字字精煉，句句潔圓，施潤章稱說："先生詩舉體遙俊，興寄超遠，殆得三唐之秀，而上溯乎晉魏，旁采於齊梁。"也是一種實話。

王氏既提倡神韻，主海內詩壇之盟五十餘年，名望地位，都是以傾動天下，當時文人，識與不識，都是仰如泰山。在山東明湖賦《秋柳詩》，和者數百人之多。在京師與諸文人，酬唱無虛日。有《感舊集》就是輯當日詩人之作品的。

反響

士林風靡神韻詩說以後，有數十年之久，漸漸爲人們所厭倦了，首先樹起反動旗幟的是趙執信。趙氏以爲古詩自漢魏六朝至初唐諸大家，各成韻調，乃爲《聲調譜》。又著《談龍錄》，持論亦異於神韻的主張。他的師承是馮班，馮氏是力排嚴羽論詩的，尤反對江西派的。趙氏有《館山堂詩文集》，爲詩以思路巉刻爲宗，易流於纖弱的。

翁方綱亦有異説。翁氏以爲神韻説固爲超妙,但其末流易生空洞之弊,於是又拈出肌理兩字,以補救神韻的空虛。

性靈説

趙氏翁氏的反響,尚不見大,袁枚《隨園詩話》出,大張旗鼓,標示出性靈,以攻擊神韻。有言曰:

詩者人之性情也,作詩不可以無我,無我則抄襲敷衍之弊大。亦無所謂唐宋,唐宋一代之國號耳,與詩無與也;詩只是各人之性情,與唐宋無與也。善哉楊誠齋之言曰:格調是空間架,拙人最易藉口。周櫟園之言曰:何李之格調,非不能悦世也。但多一分格調者,必損一分性情,故不爲也。

這種不可無我的論調,頗與公安體的主張相同,由此可見《性靈説》是由楊誠齋、袁宗道等人的啓示而來的。

袁氏爲人通脱佚蕩,思想創進,作品喜尖新,往往失之纖巧,甚有罵其妖冶的。然其運筆如舌的天才,是不可多得的。

與袁氏稱爲三大家的有趙翼與蔣士銓。趙氏的詩,才氣縱橫,莊諧并作。蔣氏的詩,凄愴激楚。袁氏有《隨園詩文集》,趙氏有《甌北詩集》,蔣氏有《忠雅堂集》。

此外還有一位晚達的沈德潜,他又主張格律。有言曰:

詩貴性情,亦須論法,雜亂而無法,非詩也。然所謂法者,行乎所不得不行,止乎所不得不止,而起伏照應,承接轉換,自有神理變化其中。

又云:"詩以聲爲用者也,其微妙,在抑揚抗墜之間。"

當日這種影響亦大,吴中七子,都是信奉其説的。他的詩作古體宗漢魏,近體主盛唐,唐以下諸家亦有所采取,不喜浮艷清刻的製作。《古詩源》及《唐詩別裁集》、《清詩別裁集》等,皆所以寄托其主張的。有詩集《竹嘯軒詩鈔》。

自乾嘉至咸同，文學的空氣全在桐城、陽湖的勢力之下，故亦無大詩人產出。迄光緒以後，詩風又漸漸改變了，我們將在下邊談及。

本章參考書

（1）（日）鈴木虎雄：《中國古代文藝論史》下冊，孫俍工譯，北新書局。

（2）謝无量：《中國大文學史》九、十兩卷，中華書局。

第二十六章　明清的昆曲與地方劇

李調元《雨寸曲話》有云：

三百篇後變而爲詩，詩變而爲詞，詞變而爲曲，詩盛於唐，詞盛於宋，曲盛於元之北，北曲不諧於南，而始有南曲。南曲則大備於明，祇用弦索官腔，至嘉隆間，昆山有魏良輔者，乃漸改舊習，始備衆樂器，而劇場大成，至今遵之。所謂南曲，即昆曲也。

這可以看到南戲在明嘉靖間已變爲昆曲了。所謂昆曲，是指腔調而言的，因爲它盛行以後，一班作家都儘量供給它劇本，劇本全是南戲的劇本，不過排演時情形不同罷了。現在略爲研究於下：

第一節　昆曲的勃興

末期的南戲

南戲在明代中葉以後，已失却本身的嚴肅性了。拿腔調來說，因爲地域的關係，有各種不同的派別，本身既陷於凌亂的現象，所以不久昆曲代興而統一起來了。

南戲末期的派別中，當以海鹽腔爲最早。據説海鹽腔的起源，是在南宋中葉有叫做張録的，他是循王、張俊之孫，居於海鹽，以新聲自娱，遂成爲海鹽腔的一派。更據元姚桐壽《樂郊私語》所載，以爲海鹽腔是出自元代澉川楊梓父子的。想海鹽從來音樂極盛的，州之少年，大抵皆以音樂自娱，或者南宋時代已有，到楊氏父子又加以提倡的。

海鹽腔之外，又有所謂弋陽腔與餘姚腔的，惜二腔的來歷不明，它們的流行區域是極廣的。據徐渭《南詞叙録》云：

今唱家稱弋陽腔，則出於江西，兩京、湖南、閩廣用之；稱餘姚腔者出於會稽，常、潤、池、太、揚、徐用之；稱海鹽腔者嘉、湖、温、臺用之。惟昆山腔止行於吳中。

這可以見到每種腔調勢力所及之地。至於唱法，自然是凌亂的。湯顯祖《宜黃縣戲神清源師祖記》云：

南則昆山之次，爲海鹽，吳浙音也。其體局靜好，以拍爲之節；江以西弋陽，其節以鼓，其調喧。至嘉靖而弋陽之調絶，變爲樂平，爲徽青陽。（《玉茗堂文集》卷七）

當日既然有以鼓爲節的，有以拍爲節的，樂器是不相同的；所以到了昆山魏良輔一手創造了昆曲，漸漸統一了南戲的樂器與歌唱。昆曲興起，而他種腔調漸漸没落了。

昆曲的興起

昆曲起於甚麼時候呢？普通都以爲起於嘉靖間，細考起來，或者要更早一點。祝允明《猥談》云：

數十年來，南戲盛行，更爲無端。……妄名餘姚腔、海鹽腔、弋陽腔、昆山腔之類，變易喉舌，趁逐抑揚，杜撰百端，真是胡説。

祝氏是卒於嘉靖五年,由此看來昆曲之起,至遲當在正德年間的,至早亦不能過於成化的。因爲成化、弘治間的陸容作《菽園雜記》,歷舉諸腔,并無昆腔的名目。

魏良輔作昆曲時曾有這樣的記載。余懷《寄暢園聞歌記》(《虞初新志》卷四)云:

> 南曲蓋始於昆山魏良輔云。良輔初習北音,絀於北人王友山。退而鏤心南曲,足迹不下樓十年。當是時,南曲率平直無意致。良輔轉喉押調,度爲新聲,疾徐高下清濁之數,一依本宮,取字齒唇間,跌換巧掇,恒以深邈助其凄泪。吳中老曲師如袁髯、尤駝者,皆瞠目自以爲不及也。

可見當日昆腔之起,是頗驚動一時的。附和魏良輔的,有婁東人張小泉、海虞人周夢山、梁溪人潘荆南、吳人張梅谷、昆陵人謝林泉等,内中以潘荆南爲尤精其技。

昆腔起來以後,似乎也有人反對,徐渭却是一個昆腔的辯護者。在《南詞叙錄》裏有像下面這樣的話:

> 今昆山以笛管笙琵按節而唱南曲者,字雖不應,頗相諧和,殊爲可聽。亦吳俗敏妙之事。或者非之,以爲妄作。請問《點絳唇》、《新水令》是何聖人著作。

徐氏可以説最賞識昆腔的了。昆腔亦終能興盛起來壓倒諸派,迄於康、雍、乾以後,纔漸漸衰落下去。

第二節　昆曲的作品與作者

萬曆以後，昆曲的勢力漸漸大起來，江浙一帶，都以昆腔爲主，其他各派，都非昆腔的對手。作家亦漸多起來，據《曲品》所列，前後五十年間，新傳奇凡一百五十餘種，作家有七十七人之多，可以說是盛極一時。其後自天啓至康熙約五十年，是昆曲的燦爛時代，到乾隆以後，便逐漸衰落了。

昆曲的劇本，如以取材的不同，可分爲以下的數類。

類別

（1）以小說爲本的：

《紅拂記》——張鳳翼作。大抵以杜光庭《虬髯客傳》爲本。

《紅綫記》——梁辰魚作。此以袁郊《紅綫傳》爲本。

《紅綃記》——梁辰魚作。此以段成式《劍俠傳》中《昆崙奴傳》爲本。

《義俠記》——沈璟作。此以《水滸傳》爲本。

《紫釵記》——湯顯祖作。此以蔣防《霍小玉傳》爲本。

《水滸記》——許自昌作。此以《水滸傳》爲本。

《鴛鴦棒》——范文若作。此以《古今小說》中《棒打薄情郎》爲本。

《蜃中樓》——李漁作。此以李朝威《柳毅傳》爲本。

（2）以歷史爲本的：

《灌園記》——張鳳翼作。此本《史記·田敬仲世家》。
《彩毫記》——屠隆作。此寫李白事。
《玉合記》——梅鼎祚作。此寫韓雄事,本孟棨《本事詩》。
《鬱輪袍》——王衡作。此寫王維事,本唐用弱《集異記》。
《義犬記》——陳與郊作。此寫《袁粲傳》,本《南史·袁粲傳》。
《桃花扇》——孔尚任作。此寫侯方域事。
《蘭亭會》——許潮作。此寫王羲之事。
（3）作者創作的：
《男后記》——王驥德作。
《還魂記》——湯顯祖作。
《春燈謎》——阮大鋮作。
《雙金榜》——阮大鋮作。
《風箏誤》——李漁作。
《奈何天》——李漁作。
《擁雙艷》三種——萬樹作。
以上不過略舉數例,似此類情形的當然很多。

點將

現在把關於重要的作者略為提示如下：
（1）《屬玉堂傳奇》的作者
《屬玉堂傳奇》的作者是沈璟。他和湯顯祖同是萬曆年間的中堅作者。沈氏是吳江人,後來效法他的人很多,同名之曰吳江派。沈氏和湯氏不同,湯氏藝術天才極高,為文奔放自在,往往不拘音律；沈氏呢,兢兢焉以規矩自守,以犯規為大戒。

《屬玉堂》共有十七種作品，今所傳僅《義俠記》一種、《埋劍記》一種、《雙魚記》一種、《桃符記》一種。

沈氏另有《南九宫譜》是寫唱法的理論書，作曲者奉以爲南圭。可見他是對於音律有研究的人。受沈璟影響最大的是呂天成、卜世臣一些人。

(2)《玉茗堂四夢》的作者

湯顯祖是萬曆癸未的進士，所居爲玉茗堂。所謂四夢，是《還魂記》、《邯鄲記》、《南柯記》、《紫釵記》四部傳奇的總名。其中以《牡丹亭還魂記》爲最有名。據《静志居詩話》云，當日婁江女子俞二娘酷嗜其辭，斷腸而死，湯氏還作詩相弔，詩云："畫燭搖金閣，真珠泣綉窗。如何傷此曲，偏只在婁江。"可見此劇在當日感人之深。

後來一般人常常模仿《玉茗堂四夢》，所以無形中形成玉茗堂派，最重要的如：

A. 阮大鋮——有《燕子箋》、《春燈謎》、《牟尼合》等作。

B. 吳炳——有《綠牡丹》、《畫中人》、《療妒羹》等作。

C. 李玉——有《一棒雪》、《人獸關》、《永團圓》等作。

(3)《笠翁十種曲》的作者

李漁在康熙十六年間還健在，他素有才子的令譽。所作戲曲，極爲淺顯，頗類於民間文學，往往爲一般腐儒所輕視。他的十來種劇作，多半是帶着滑稽劇或風情劇的趣味，最有名的是《風箏誤》。《慎鸞交》與《奈何天》曾經被介紹到西歐去的。

(4)《玉燕堂四種》的作者

《玉燕堂四種》的作者，是張堅。因爲屢應鄉試不及第，因作《江南一秀才歌》自嘲。時人遂稱爲江南一秀才。所作的傳奇四種,是《夢中緣》、《梅花簪》、《懷沙記》、《玉獅墜》等作。據吳禹之序《梅花簪》稱:《梅花簪》稿剛寫成,便被南京的優伶購去,易名《賽荆釵》,搬演時,人都嘖嘖稱奇。

(5)《新曲六種》的作者

夏綸是終身不遇,康熙三十二年以十四歲應鄉試,一直八次不及第,晚年便著述自娛殘年。所以他的戲曲,都是六十歲以後才開始寫的。他的六種都是說教式的,寓勸善規過之意。如:

《無暇璧》是襃忠的,《杏花村》是闡孝的,《瑞潤圖》是表節的,《廣寒梯》是勸義的,《花萼吟》是式好的,《南陽樂》是補恨的。

像這種作品,在文學方面看,恐怕無甚價值的。

(6)《藏園九種》的作者

蔣士銓號清谷,又號藏園,死於乾隆五十年,年六十一。所作傳奇如《空谷香》、《桂林霜》、《雪中人》、《香祖樓》、《臨川夢》、《冬青樹》與雜劇三種,合刊曰《藏園九種》。

他是極力模仿湯顯祖,然能謹守曲律,不稍越矩,所以歷來都評他為乾隆年間的大作家。

(7)《沈氏四種》的作者

沈起鳳所作戲曲,不下三四十種之多,一時風行大江南北。今所存的只沈氏四種,他在乾隆三十三年舉鄉試,年僅二十八歲,後來數次會試不第,抑鬱無聊,以放情詞曲自娛。這四種是:《報恩緣》、《才人福》、《文星榜》、《伏虎韜》,都是一種低級的所謂才子佳人的喜劇,並無一點思想可言。在描寫方面,足與笠翁媲美。

除以上所舉,又有《倚晴樓七種曲》的作者黃燮清及《桃花扇》的作者孔尚任、《長生殿》的作者洪昇等，都應該提及的。

第三節　地　方　劇

乾隆以後，昆曲漸漸衰落，地方戲漸漸擡起頭來，不久便壓倒昆曲，取其地位而代之了。地方戲所以興起，大概由於昆曲的難學難懂，只有一部分士大夫階級去欣賞，民衆是不歡迎它的。觀《夢中緣》傳奇（乾隆初年作）的序中有這樣的話：

長安（京師）之梨園興盛……而所好爲秦聲，囉（囉囉調），弋（弋陽腔）厭聽吳騷，聞歌昆曲，輒哄然散去。

更證諸《燕蘭小譜》所說"昆曲非北京人所喜"的話，益可以相信昆曲之被人所棄了。昆曲既爲人所棄，地方劇便應運興起了。

諸腔

（1）弋陽腔

這腔起自江西弋陽，曾經流行過一時，昆曲興起而漸衰。萬曆年間，有叫譚綸的，根據海鹽腔把弋陽腔修改了一番，於是弋陽腔又慢慢興起。

（2）高陽腔

據說高陽腔，是弋陽腔的一支派，弋陽腔傳到北平附近的高陽地方，經過改變，便成一種新的獨立的腔調了。

（3）京腔

這也是弋陽腔的一個支派。因爲傳到京師，經過改變，遂成一種獨立的新的腔調了。

（4）二簧

是調初起於湖北，盛行於黃陂、黃岡二縣，故名。後來更流傳於湖南、廣東、廣西、安徽等處，總名曰湖廣調。

（5）秦腔

出自陝西，其源或更來自甘肅。乾隆朝已傳至北平。

（6）西皮

合二簧稱曰皮簧，是以前北平的徽班所專唱的腔調。此調的來源，傳說不一，來歷以出自湖北之說居多。

（7）梆子腔

據歐陽予倩的《談二簧戲》中說，屬於弋陽腔的《嚨吟調》，一稱梆子腔，又稱吹腔。

（8）西梆子

山西梆子當與西皮有極深切之關係。有以為是本來的秦腔。

以上是略舉大概，就京師（北平）來說，先是京腔獨盛，後來秦腔代替了京腔，以後又是徽班的時代。徽班是除去固有的二簧調外，更加入西皮，所謂皮簧劇，即自此始。徽班的勢力，以迄於同治末年，山西梆子流行京師之後，纔平分了勢力，一班人也同等看待。

劇作

地方劇劇本，因為近於俗俚之故，所以付印行世的極少。在乾嘉以前，可以考察得知的有：

見於《綴白裘》者三種。

見於《燕蘭小譜》者三種。

見於《花部農譚》者七種。

見於《劇說》者五種。

以上除《清風亭》見於《綴白裘》，復見於《花部農譚》重復外，共得十七種。還有通行的散段若干齣見於《燕蘭小譜》及《聽春新咏》中，這裏不多説了。

至道光年間，觀劇道人編有《極樂界傳奇》，全八卷，係八十齣的長篇，是二簧調的曲本。至光緒初年，余治有《庶幾堂今樂》，係皮簧調曲本，所收有四十多種，今多流傳於世，如《朱砂痣》之類。同時李世忠編有《梨園集成》十八卷，收皮簧戲中四十六種的全本及散齣，如《罵曹》、《探母》等，多行於世。

清末名伶汪笑儂，能詩文，所作亦不少，如《馬嵬坡》、《黨人碑》、《馬前潑水》等。近世《戲考》所輯，有皮簧調及秦腔的曲本五百餘齣之多，現行的京戲幾綱羅殆儘。除收於諸集之內，在民間流行的小本，當然很多，不過無人調查罷了。這些都可以説是民間的文學。

本章參考書

（1）鄭震編譯：《中國近代戲曲史》，北新書局。

（2）鄭振鐸：《插圖本中國文學史》五十七章、五十八章，樸社。

（3）閱世道人編：《六十種曲》，開明書店。

（4）黃文暘：《曲海總目提要》，上海大東書局。

（5）凌善清、許志豪輯：《戲學彙考》，上海大東書局。

第二十七章　清代的小說

　　小說到清代以後，有一種大的進步。在以前的小說大部分是平話式的演講稿，往往是稀疏的幾筆，把事實就報告過去了。到清代如《紅樓夢》、《儒林外史》等用筆却極儘描寫的能事了。以前小說的取材，多利用熱鬧的離奇的故事，到清代如《紅樓夢》、《儒林外史》等，所寫也不過是平凡的日常生活罷了。不過取材的對象，已離開民間走向貴族文人的階級，也是應該提到的。

第一節　諷刺派與人情派

諷刺派

　　《儒林外史》，文人的感覺銳敏，因之憤怨多，牢騷多；他們在不平之氣下，往往用婉曲之筆，刻畫出世人的情態。文人的一支禿筆，便是報復世人唯一的武器了。《儒林外史》，便是一部充滿諷刺的小說。

　　（1）作者

作者是安徽全椒人吳敬梓，字敏軒。他是一個豪放的文人，把家產揮霍儘後，往往至於絕糧。精於《文選》，長於詩賦。雍正乙卯，安徽巡撫趙國麟舉以應博學鴻詞科，因為無意於仕宦，未赴。居金陵，為一時文壇的盟主。為建先賢祠，又把房屋也賣了。晚年自號文木老人，乾隆十九年卒於揚州，所著有《詩說》七卷、《文木山房集》五卷、詩七卷。其所著《儒林外史》為五十五回。

（2）內容

魯迅《中國小說史略》云：

時距明亡未百年，士流蓋尚有明季遺風，製藝而外，百不經意，但為矯飾，云希聖賢。敬梓之所描寫者即是此曹，既多據自所聞見，而筆又足以達之。

按所包含者有各種人物，所謂儒者名士，所謂官師細民，無不現身於紙上，聲態并肖。再者書中所傳人物，大都實有其人。往往以象形、諧聲、廋詞、隱語寓其姓名，若參以雍乾間諸家文集，可以十得八九。（該書上元金和跋。）如有謂馬二先生，即是他的摯友馬粹中的化名，牛布衣就是朱草衣的化名等。

（3）版本

此書成於雍正末年，作者僑居金陵時。其初唯有鈔本，後刻於揚州。原為五十五回，嘗有人排列全書人物，作"幽榜"綴於末五十六回。又有人自作四回，雜入五十六回本，真是狗尾續貂。

以前或者一般人不注意這部小說，自民國九年亞東圖書館新加以標點，胡適、錢玄同幾個人作序文來提倡，於是聲價十倍了。

人情派

《紅樓夢》，這一部長篇小說，足爲中國人争得不少的體面，它在國際上亦具有很好的聲譽。它拿一個家庭爲背景，把瑣碎的事情連貫成一部偉大的富麗的著作，在中國實是一件空前的藝術品。

《紅樓夢》的別名很多，亦稱《石頭記》、《情僧錄》、《風月寶鑒》及《金陵十二釵》等，現在分條略爲解説它的內容如下：

（1）作者

據近年來學者的研究，作者無異議的是曹雪芹，袁枚《隨園詩話》卷二云：

康熙中曹棟亭爲江寧織造，其子雪芹撰《紅樓夢》一書，備記風月繁華之盛，中有所謂大觀園者，即余之隨園也。

據此即可以知其作者。《紅樓夢》原爲八十回本，又有一百二十回本傳世，那後四十回是乾隆六十年進士的高鶚所續。見於俞樾《小浮梅閒話》引《船山詩草》。

雪芹名霑，一字芹圃。他的祖父名寅，康熙中爲江寧織造。父名頫，亦爲江寧織造，雪芹生於南京。雍正六年，雪芹隨着父親卸任回北平來。不數年間，家勢中落，雪芹到中年，連生活也不能維持，遂移家到北平西郊去住。在這時期，回憶到昔日繁華的生活，不免有今昔之感，遂開始作《紅樓夢》一書。乾隆二十九年，因痛子亡而卒，年約四十餘。

（2）內容

全書以榮國府賈政的公子賈寶玉爲中心，配以賈家四艷以及寶玉的愛人林黛玉、後爲正室的薛寶釵等，所謂金陵十二釵的。合計起來，全書九十萬言，寫男子二百三十五人，女子二百十三人，一人有一人的個性。所有情海的波瀾，男女兩性的悲歡離合，嬉笑怒罵的心理狀態，都能詳細地演述出來了。規模的偉大，結構的細密，用意的周到，千變萬化，如綫之穿珠，珠之走盤，日人讚爲古今東西第一部言情小說。

至於此書的本事，以前人很有些主張：

A. 納蘭成德家事說——見《燕下鄉脞錄》卷五與《國朝詩人徵略》。

B. 清世祖與董鄂妃故事說——見《紅樓夢索隱》。

C. 康熙朝政治狀態說——見《石頭記索隱》。

及近人研究，始知以上說法，皆不免傅會。應認爲作者自道其身世，而加以演義的。

（3）影響

此書影響於社會最大，男女老幼無不愛重之若寶。因之步高鶚之後而續者，有下列諸書：

《後紅樓夢》、《紅樓後夢》、《續紅樓夢》、《紅樓復夢》、《紅樓夢補》、《紅樓補夢》、《紅樓重夢》、《紅樓再夢》、《紅樓幻夢》、《紅樓圓夢》、《增補紅樓》、《鬼紅樓》、《紅樓夢影》、《新紅樓夢》等。

此類續書大率承高鶚續而補其缺陷，結之以團圓的，實無一顧之價值。

至若狹邪小說如《品花寶鑒》、《花月痕》、《海上花列傳》一流作品，似皆爲受《紅樓夢》之影響而作成的。

第二節　俠義派與譴責派

俠義派

　　俠義小說在唐代曾經盛行一時，我們已講過了。清雍乾以來，這類小說又漸漸抬起頭來。雍正帝的得天下，不怎樣光明，於是蓄養死士來保護自己，來打倒仇視自己的人；俠客之流，遂爲權貴們所尊重，於是俠客的傳說也普遍於民間。加諸民衆受了極端的暴政壓迫，胸中填塞着不平與憤懣，在反抗的心理上，盼望着超人的俠客出來，用非常的手段去雪人間的不平。由於此兩種關係，俠義派的小說即產生出來。

　　(1)《兒女英雄傳評話》

　　此書本五十三回，今殘存四十回，題燕北閑人著。馬從善序云，出於文康手，蓋定稿於道光中。文康是大學士勒保次孫，滿洲鑲紅旗人。費莫氏，字鐵仙。作者家本貴盛，因爲諸子不肖，晚年生活遂至於困頓，作此書藉以消遣。

　　此書初名《金玉緣》，又名《日下新書》，又名《正法眼藏五十三參》。內中敘述俠女何玉鳳爲父報仇，變名十三妹。怨家叫紀獻唐，即暗射年羹堯的名字。後紀獻唐爲朝廷所誅，十三妹嫁於安驥爲妻。

　　此書後亦有續書，文意并拙，或爲書賈所爲。

　　(2)《三俠五義》

　　原名《忠烈俠義傳》，百二十回，首署石玉崑述。序則云問竹主人原藏，入迷道人編訂，皆不詳爲何人。光緒五年方流行於世，內中敘述包拯的事。現在流行於民間的《狸貓換太子》、《烏盆記》、《包公審碑》等，全是它的內容。明人的《龍圖公案》，大概即是它的藍本。

後來俞樾把此書略加改編，改題爲《七俠五義》，光緒十五年刻版行世。

（3）《小五義》，《續小五義》

這兩部與前書同時出現於北平，皆一百二十四回。序謂與《三俠五義》皆石玉昆原稿，得之其徒。序大意云：本三千多篇，分上中下三部，總名《忠烈俠義傳》。原無大小之說，因上部《三俠五義》爲創始之人，故謂之《大五義》，中下兩部五義，即其後人出世，故謂之《小五義》。此可見其書名的意義。

此外較早的有《施公案》、《彭公案》，又有《永慶升平》、《聖朝鼎盛萬年青》等，餘如《英雄大八義》、《英雄小八義》、《七劍十三俠》、《七劍十八義》等，多出於光緒年間。《施公案》續至十集，《彭公案》續至十七集，《七俠五義》續至二十四集。皆可見此類讀物影響於社會之大。

近年來紅槍會之興起，小學生爲了求道而失踪的消息所在多有，皆中此類讀物之毒所致的。

譴責派

魯迅《中國小說史略》云：

戊戌變政既不成，越二年即庚子歲，而有義和團之變，輩乃知政府不足與圖治，頓有掊擊之意矣。其在小說，則揭發伏藏，顯其弊惡，而於時政，嚴加糾彈，或更擴充，并及風俗。雖命意在於匡世，似與諷刺小說同倫。而辭氣浮露，筆無藏鋒……故別謂之譴責小說。

這是譴責派小說興起之原因及意義。

(1)《官場現形記》——李寶嘉撰

作者乃江蘇武進人，以累舉不第，赴上海辦《指南報》、《游戲報》、《海上繁華報》等。那時候適爲庚子之亂，政令倒行，海內失望，多欲尋出禍首。作者遂應商人托，撰《官場現形記》。打算作十編，每編十二回。自光緒二十七年至二十九年中成三編，後二年又成二編，因病死於光緒三十三年，年四十。書亦未完成，已成者僅六十回。

書有序云：

"南亭亭長有東方之諧謔，与淳于之滑稽，又熟知夫官之齷齪卑鄙之要凡，昏瞶糊塗之大致"，爰"以含蓄蘊釀存其忠厚，以酣暢淋漓闡其隱微。"

由此可以知道他是以輕松之筆來寫官場之醜惡的。寫那墓夜乞憐，晝則驕人的情狀，使人讀之，心內爲之一爽。所以此書流行頗廣。

(2)《二十年目睹之怪現狀》——吳沃堯撰

作者字繭人，後改趼人，廣東南海人，自稱我佛山人。年二十餘即漂泊上海，爲日報撰文。光緒二十九年，梁啓超印行《新小說》於日本橫濱。第二年作者就寫稿寄往，有一種叫《二十年目睹之怪現狀》，於是名聲大顯。迄宣統紀元，又成《近十年之怪現狀》二十回，二年遂卒，年四十四。前一種本連載於《新小說》中，光緒三十三年，有單行本四卷出版，宣統元年又出版四卷，共一百八回。

內容與《官場現形記》略同。

(3)《老殘游記》——劉鶚撰，江蘇丹徒人作者是一位飽學曠放的文人，其游記成於光緒三十二年，共二十章。或云末數章爲其子所續，內中叙景狀物之處甚多，攻擊官吏之處亦多，不唯攻擊臟官，連清官亦攻擊。

　　曾樸底《孽海花》，二十回。書中人物，都有所影射，寫當時達官名士模樣，亦極淋漓。文采之佳，甚爲人所稱道。

　　譴責派小説之末流，便是黑幕小説之盛行，如《黑暗上海》、《人間地獄》一流作物，都漸走入攻擊私人的歧途了。

　　清代小説如李汝珍的《鏡花緣》、夏敬渠的《野叟曝言》等作，皆以小説而自炫其才學的，於此皆不具錄。

本章參考書

（1）魯迅：《中國小説史略》二十三章、二十四章、二十七章、二十八章，北新書局。

（2）鄭振鐸：《海燕》，新中國書局。

（3）（清）吳敬梓：《儒林外史》，上海亞東書局。

（4）（清）曹霑：《紅樓夢》，上海亞東書局。

（5）（清）石玉昆述：《三俠五義》，上海亞東書局。

（6）（清）李寶嘉：《官場現形記》，上海亞東書局。

（7）（清）吳沃堯：《二十年目睹之怪現狀》，通行本。

第二十八章　文學革命的前夜

　　文學革命的前夜,是指清之末葉及民國初年《文學改良芻議》未發表以前的一個時期。大凡一種新的運動,都不是突然而起的,一定有它的源流。近十餘年來,中國文學在正途上長足的邁進,自然是基於胡適、陳獨秀、錢玄同、周作人等文學革命旗幟的樹立,然彼等啓新運動以前,有沒有啓新的肇始呢?現在我們來探索這一個問題。

新體詩與西洋文學

新體詩之興起

　　道、咸以來舊派的詩,并未歇絶。像何子貞、曾滌生、鄭子尹、莫子偲一流的人,爲詩皆宗宋詩,大半是私淑江西派的。稍後的陳石遺、鄭蘇堪等人,亦多半以宋爲圭臬。像他們這一班古典派,我們不願多説,要説的是光緒以後的一班維新的文人,最重要的是康有爲、梁啓超、黄遵憲等人。康有爲在荷蘭博物館裏見到一種海船的模型,賦了一首長篇詩歌,其結尾有云：

嗟哉誰爲海王圖，戰艦乃是中國魂。何當忽見戰艦五百艘，龍旗翩蕩四海春。

這詩已把整齊的形式打破了。又《愛國歌》中，雜糅經語、諸子語、史語、外國佛語、耶教語，毫無所忌，亦具有嘗試的精神。梁啓超作的《愛國歌》，也是這種情形。其詩之一節云：

泱泱哉我中華。最大洲中最大國，廿二行省爲一家。物產腴沃甲大地，天府雄國言非誇。君不見英日區區三島尚崛起，況乃堂堂我中華。結我團體，振我精神。二十世紀新世界，雄飛宇内疇與倫。可愛哉我國民，可愛哉我國民。——

不唯形式隨便，換韻也極其自由。此外如黄遵憲更是一個革新派的詩人，他的詩有時候字句長短不定，有時候雖字句整齊，語意却極明白，甚至於也應用外國名詞，如《日本雜事詩》中的用"鯨"與"鴨南蠻"等是。觀其論詩，亦可以知其主張，其《與朗山論詩》云：

吾今所遇之時，所歷之境，所思之人，所發之思，不先不後，而我在焉。前望古人，後望來者，無得與吾爭之者。而我顧其情，舍而從人，何其無志也。……則今憲所爲，皆憲之詩也。（《嶺南學報》二卷二期）

由此可知其不重視古人，而重在自己創作，雜詩有"我手寫我口，古豈能拘牽"的句子，亦可以見其主張之堅決了。

總之，在光緒年間，詩壇已有了新的現象：（1）形式可以不整齊。（2）取材可以極通俗。（3）字句可以極淺顯。（4）思想多爲愛國的。

西洋文學輸入

西洋最早輸入中國的，是哲學一類的書籍，繼而便是文學的輸入。我們現在來考檢一下：

（1）詩歌

詩歌的翻譯，應以王韜譯法國的《馬賽革命歌》、德國的《祖國歌》爲最早（同治十年），附見於《普法戰紀》中。此後到光緒三十年左右，馬君武譯的有擺倫《哀希臘》詩、哥德《阿明臨海哭女》詩，蘇曼殊譯的《擺倫詩選》（光緒三十二年）等，這些都是中西文對照着在日本出版的。

（2）小說

小說的翻譯，應以林紓與王壽昌合譯的《茶花女遺事》爲最早，那時候約在光緒二十五年。到光緒二十九年，梁啓超在日本橫濱刊印《新小說》，那時候梁氏就翻譯《小豪杰放洋記》一類的小說，逐日登載。蘇曼殊翻譯法國囂俄的《慘世界》，亦在於這一年。林紓自從翻譯《茶花女遺事》以後，經了商務印書館高氏昆仲的慫恿，便繼續翻譯各國文學，積十九年之久（止於民國八年），達一百五十六種之多。此外伍光建譯有《俠隱記》、《續俠隱記》等書，周作人亦譯有《域外小說集》，出版於光緒末年。因爲十年間只銷行二十本，所以《域外小說集》一本一本出下去的計劃便打消了。

（3）戲劇

在光緒末年，西洋戲劇翻譯過來的有《夜未央》、《鳴不平》等，大概是日本留學生從日本間接輸入的。組織的春柳社，是當日戲劇運動最著名的團體。

從此以後，外國的文學接觸了中土文學，素來不講結構、題材單純的小說與戲劇，一旦有了新的刺激，自然要發生一種突變。新體詩之興起，受外國詩歌的影響，恐亦是很大的吧！這一種醞釀到民國六年，於是樹起了文學革命的旗幟，中國文學展開了一個新的局面。

本章參考書

（1）（日）鈴木虎雄：《光緒年間詩壇之傾向》，《支那文學研究》。

（2）胡懷琛：《中國文學史概要》第十章，商務印書館。

附　　錄

中國文學史書目

一、中國文學通史書目

（1）王夢曾：《中國文學史》，商務印書館。
（2）歐陽溥存：《中國文學史綱》，同上。
（3）顧實：《中國文學史大綱》，同上。
（4）胡懷琛：《中國文學史概要》，同上。
（5）張振鏞：《中國文學史分編》，同上。
（6）張之純：《中國文學史》，同上。
（7）謝无量：《中國大文學史》，中華書局。
（8）竇警凡：《歷朝文學史》，光緒三十二年鉛印本。
（9）譚正璧：《中國文學史大綱》，光明書局。
（10）《中國文學進化史》，同上。
（11）穆濟波：《中國文學史》，樂羣書店。
（12）蔣鑒璋：《中國文學史綱》，亞細亞書店。

（13）劉毓盤：《中國文學史略》，古今圖書店。
（14）鄭振鐸：《插圖本中國文學史》，已出四冊，樸社。
（15）梁乙真：《中國文學史話》，元新書局。
（16）鄭作民：《中國文學史大綱》，合衆書店。
（17）趙景深：《中國文學小史》，光華書局。
（18）趙祖忭：《中國文學沿革一瞥》，同上。
（19）胡行之：《中國文學史講話》，同上。
（20）葛遵禮：《中國文學史》，會文堂新記書局。
（21）曾毅：《中國文學史》，泰東書局。
（22）陳冠同：《中國文學史》，民智書局。
（23）陳子展：《中國文學史講話》，已出二冊，北新書局。
（24）胡雲翼：《新著中國文學史》，同上。
（25）鄭賓于：《中國文學流變史》，已出三冊，同上。
（26）陸侃如、馮沅君：《中國文學史簡編》，開明書店。
（27）劉大白：《中國文學史》，只出一冊，同上。
（28）徐揚：《中國文學史大綱》，神州國光社。
（29）胡懷琛：《中國文學史略》，梁溪圖書館。
（30）胡小石：《中國文學史》，人文社。
（31）林傳甲：《中國文學史》，宣統二年京師大學課本。
（32）劉貞晦：《中國文學變遷史》，新文化書社。
（33）朱希祖：《中國文學史要略》，北京大學出版部。
（34）劉麟生：《中國文學史》，世界書局。
（35）賀凱：《中國文學史綱要》，著者書店。
（36）錢振東：《中國文學史》，只出一冊，自印。

二、中國文學分史書目

(1) 王易:《詞曲史》,神州國光社。
(2) 王國維:《宋元戲曲史》,商務印書館。
(3) 李維:《詩史》,石稜精舍。
(4) 朱謙之:《音樂的文學小史》,泰東書局。
(5) 魯迅:《中國小說史略》,北新書局。
(6) 周羣玉:《白話文學史大綱》。
(7) 胡適:《國語文學史》,文化書社。
(8) 前人:《白話文學史》,新月書店。
(9) 凌獨見:《新著國語文學史》,商務印書館。
(10) 陸侃如、馮沅君:《中國詩史》,大江書鋪。
(11) 許之衡:《曲史》,北平師大講義。
(12) 劉毓盤:《詞史》,羣衆圖書公司。
(13) 鄭震:《中國近代戲曲史》,北新書局。
(14) 羅根澤:《樂府文學史》,文化學社。

三、中國文學斷代史書目

(1) 王禮錫:《物觀文學史稿·南北朝之部》,《讀書雜志》一卷十二期。
(2) 周作人:《中國新文學的源流》,人文書店。
(3) 胡適:《五十年來的中國文學》,申報館五十年紀念冊。
(4) (日)鈴木虎雄:《中國古代文藝論史》,孫俍工譯,北新書局。
(5) 徐嘉瑞:《中古文學概論》,亞東圖書館。

（6）陳子展：《中國近代文學之變遷》，太平洋書店。
（7）陳子展：《最近三十年中國文學史》，太平洋書店。
（8）劉師培：《中古文學史》，北大出版部。
（9）楊蔭深：《先秦文學大綱》，華通書局。
（10）柯敦柏：《宋代文學史》，商務印書館。
（11）宋佩韋：《明代文學史》，同上。
（12）錢基博：《現代中國文學史》，世界書局。

四、含中國文學史性之書目

（1）郭紹虞：《中國文學批評史》上卷，商務印書館。
（2）陳鐘凡：《中國文學批評史》，中華書局。
（3）謝无量：《中國婦女文學史》，同上。
（4）梁乙真：《中國婦女文學史綱》，開明書店。
（5）梁乙真：《清代婦女文學史》，中華書局。
（6）敖士英：《中國文學年表》，已出二冊，立達書局。
（7）劉宇光：《中國文學史表解》，光華書局。
（8）張若英：《中國新文學運動史料》，光明書局。
（9）譚正璧：《中國女性的文學生活》，同上。
（10）張長弓：《中國僧伽之詩生活》，著者書店。